创新驱动战略下的项目管理研究

倪明 著

燕山大学出版社
·秦皇岛·

图书在版编目（CIP）数据

创新驱动战略下的项目管理研究 / 倪明 著 . — 秦皇岛：燕山大学出版社，2021.3（2026.1重印）

ISBN 978-7-81142-807-0

Ⅰ . ①创… Ⅱ . ①倪… Ⅲ . ①项目管理－研究 Ⅳ . ① F224.5

中国版本图书馆 CIP 数据核字（2019）第 070467 号

创新驱动战略下的项目管理研究

倪明　著

出 版 人：陈　玉

责任编辑：杨春茹

出版发行：燕山大学出版社 YANSHAN UNIVERSITY PRESS

地　　址：河北省秦皇岛市河北大街西段 438 号

邮政编码：066004

电　　话：0335-8387555

印　　刷：廊坊市印艺阁数字科技有限公司

经　　销：全国新华书店

开　　本：787mm×1092mm　1/16　　印　　张：9.25　　字　　数：201 千字

版　　次：2021 年 3 月第 1 版　　印　　次：2026 年 1 月第 2 次印刷

书　　号：ISBN 978-7-81142-807-0

定　　价：40.00 元

序　言

党的十八大明确提出“科技创新是提高社会生产力和综合国力的战略支撑，必须摆在国家发展全局的核心位置”，同时还提出了要进行产业结构调整，实施创新驱动发展的国家战略。

在产业结构调整的国家大势中，尤其是京津冀协同发展给这一地区带来了新的发展机遇。当下，如何在新的国家战略发展机遇中赢得主动，成为众多企业面临的一个新的挑战和课题。

要想应对这一挑战，用创新驱动发展是十分必要的。创新驱动发展是提高国家和企业核心竞争力的主要途径，科技创新也是企业赖以生存和持续发展的命脉。企业只有不断提高自主创新能力，掌握关键的核心技术，才能在残酷的市场竞争中获取主动。

在2014年国际工程科技大会上，习近平总书记指出：“工程科技是改变世界的重要力量，发展科学技术是人类应对全球挑战、实现可持续发展的战略选择。中国把创新驱动发展战略作为国家重大战略。科技创新驱动着历史车轮飞速旋转，为人类文明进步提供了不竭动力源泉。新中国成立60多年特别是改革开放30多年来，中国经济社会快速发展，其中工程科技创新驱动功不可没。当今世界，科学技术作为第一生产力的作用愈益凸显，工程科技进步和创新对经济社会发展的主导作用更加突出。实现梦想、应对挑战、创造未来，动力只能从发展中来、从改革中来、从创新中来。发展科学技术是人类应对全球挑战、实现可持续发展的战略选择。这一切对工程科技进步和创新提出了新的使命。”

创新驱动发展战略目标的实现，与创新经济活动密不可分。在创新经济活动中，创新的管理能力又是不可或缺的重要一环。因此在实现创新驱动发展的战略目标时，提升创新管理的能力也是一种有效的手段。

任何创新管理工作都具有目的性、风险性、一次性、独特性、不确定性等特点，而这也正是项目管理工作的重要特点。每个创新工作都是一种项目，所以对于创新工作的管理，其实就是一种项目管理，并且还应该是一种创新性的项目管理模式。

因此，要想做好创新工作的管理，就不能使用当前常见的日常运营的管理方法，而需要采用一些具有创新性的项目管理机制与方法。

伴随着体制改革开放的深入，中国特色社会主义市场经济正在加速与世界经济接轨。在全球经济一体化进程中，国外的很多现代项目管理理论和实践正被中国企业广泛应用。在引入和应用过程中，这些现代项目管理理论融入和吸收了中国的特色国情，成为中国特色的现代项目管理理论，并获得了迅速发展。

越来越多的中国企业在开展创新工作时，开始从运营管理实践转向了项目管理实践。项目管理的应用领域也开始广泛涉及各行各业，很多企业已经将项目管理确定为企业战略发展和创新驱动发展的关键要素。

本书从传统的项目管理步骤流程，讲到现代的项目管理模式方法，中间穿插有翔实的案例分析，让读者能够深入浅出地了解项目管理的整个流程。

在本书最后，列举了一些当前市场上先进的项目管理模式。这些先进的项目管理模式并不是万能的模板，没有办法直接应用。要想真正应用这些项目管理模式，还需要结合具体项目的实际情况，这是要优先明确的一点。

在创新驱动发展这一战略背景下，项目管理的作用日渐显露出来。一个突出的现象是：国家和政府部门开始放宽对各种项目的限制，开始从环境和服务层面上为项目管理提供各种助力。对于企业来说，尤其是建筑行业的企业，一定要利用这种政策上的福利，积极探索适合自身的项目管理模式。

“冰冻三尺，非一日之寒”，获得项目管理模式的最优解也并不是一件容易的事情。为了能够更好更快地找到“正确答案”，项目管理者有必要从头梳理一下项目管理相关理论知识，同时在实践中多尝试一些新的项目管理模式。探索的过程就是一个不断发现的过程，只要坚定方向，就一定会走到终点。

目　录

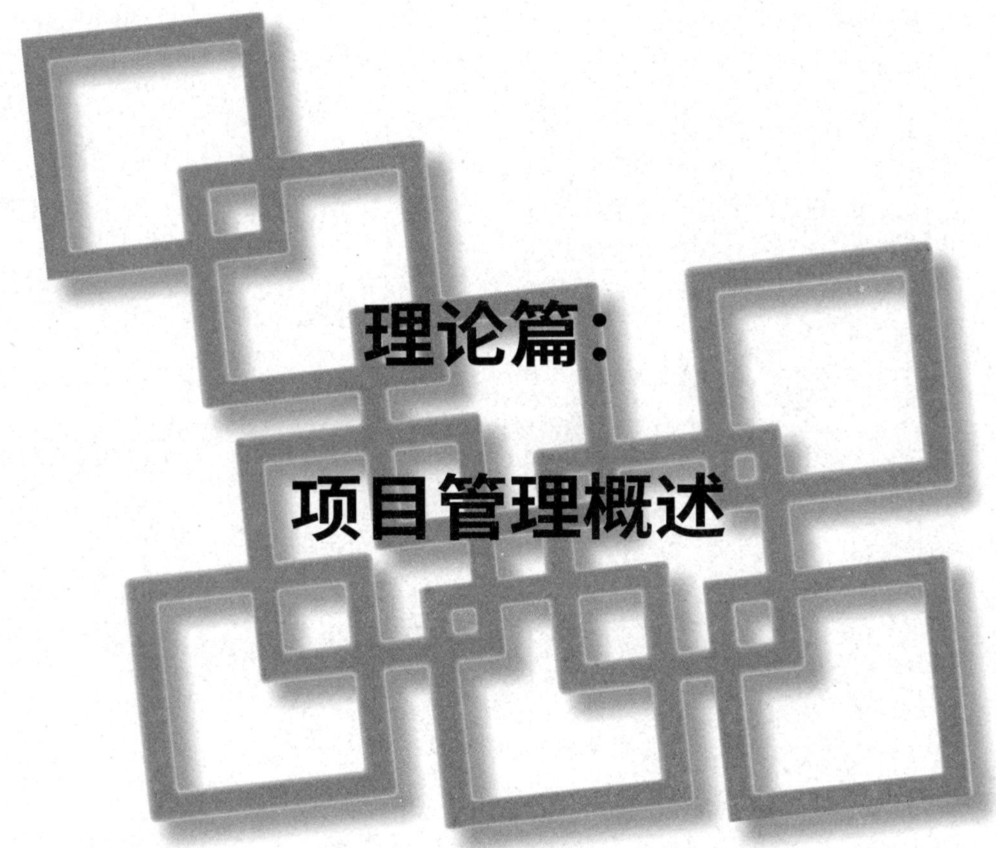

理论篇：

项目管理概述

第 1 章　认识项目管理

1.1 项目管理的历史

1.1.1 项目管理的起源

“项目”其实很早之前就已经存在了，只是那时没有用项目这个称呼而已。中国作为世界文明古国之一，有着很多伟大的项目，像秦始皇时期修建的长城、战国时期修建的都江堰、河北的赵州桥、北京的故宫都是我国历史上大型复杂项目的典范。当时如果没有对这些项目进行系统的规划管理，是很难取得成功的。

不过人们认识到项目管理是从第二次世界大战后期开始的。当时战争需要新式武器，探测需要雷达等设备，这些以前从未做过的任务开始接踵而来。这些任务不仅技术复杂，时间要求紧迫，而且参与的人员还众多。于是人们开始关注怎样有效地利用项目管理来实现既定的目标，“项目管理”开始被大家所认识。项目管理的发展过程见图 1-1。

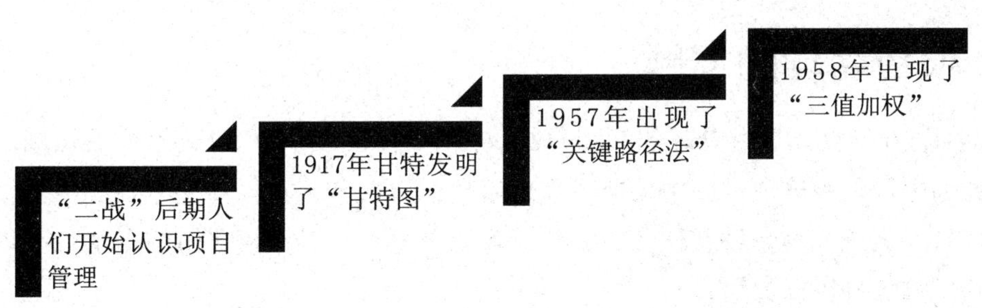

图 1-1　项目管理的发展过程

项目管理最早起源于美国。1917 年，亨利·劳伦斯·甘特发明了著名的甘特图，又称横道图、条状图。该图通过活动列表和时间刻度来表示出特定项目的顺序和持续时间，项目经理按日历制作任务图表，用于日常的工作安排。这种图表直观而有效，便于监督和控制项目的进展，直到现在依然是项目管理尤其是建筑项目管理的常用方法。

不过甘特图很难展示工作环节中的逻辑关系。如果关系过多，纷繁芜杂的线图必将增加甘特图的阅读难度，所以它不适合大型项目的管理。

现代项目管理开始于 20 世纪 40 年代。当时的典型案例就是 1942 年美国军方研制原子弹的曼哈顿计划。该项目团队规模达到 10 多万人，耗时 3 年，花费了 20 亿美元，最后取得了圆满的成功。在曼哈顿计划中，因为应用了系统工程的思路和方法，大大缩短了工程所需的时间。

到了 20 世纪五六十年代，项目管理开始成熟起来。

美国的路易斯维化工厂，因为生产的特殊性，必须昼夜不停地连续运转。如果要检修的话，必须全面停工进行检查，而且通常每次都需要 125 个小时。1957 年，他们把检修流程进行精细化分解，发现如果采用不同的路线则需要检修的总时间是不一样的。缩短最长路线上工序的工期，则可以缩短整个检修需要的时间。后来他们经过不断优化，最后只用了 78 个小时就完成了检修工作，节省了 38% 的时间。现在一些项目管理者还在用这种时间管理技术，也是“关键路径法”，简称为 CPM。

PERT 出现在 1958 年。与 CPM 不同之处在于，PERT 中作业时间是不确定的，也并不在乎项目的费用和成本，主要强调对时间的控制。通常 PERT 主要应用在含有大量不确定因素的大规模开发研究项目中。当时美国海军在研制北极星导弹项目，为每个项目估计了一个悲观的、一个乐观的和一个最可能情况下的工期，在关键路径技术的基础上，又用“三值加权”的方法进行计划编排，最后只用了 4 年的时间就完成了原定 6 年完成的项目，节省时间达到了 33% 以上。

1.1.2 项目管理的发展

20 世纪 60 年代，项目管理的应用范围仅限于建筑、国防和航天等少数领域。不过在阿波罗计划中，组织管理过程中采取了项目管理的方法和步骤，将整个计划由上而下逐级分解成项目、系统、分系统、任务、分任务等六个层次，并采用了“三值加权平均”“关键路径法”等项目管理方法。

后来阿波罗计划的成功让项目管理风靡全球，很多人开始对项目管理产生了浓厚的兴趣，并逐渐形成了两大项目管理的研究体系，一个是以欧洲为首的体系——国际项目管理协会（IPMA）；另一个是以美国为首的体系——美国项目管理协会（PMI）（见图 1-2）。经过多年发展，这两个协会为推动国际项目管理现代化发挥了积极的作用。自此，项目管理开始有了科学的系统方法。

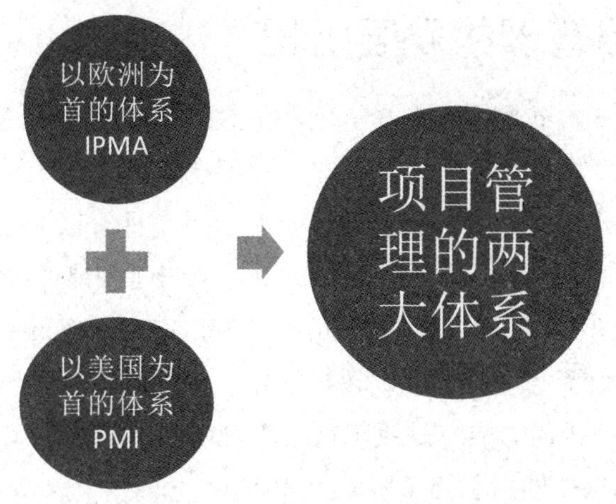

图 1-2　项目管理的两大体系

到了 20 世纪 70 年代，项目管理的应用也从传统的军事、航天、建筑等领域开始拓展到石化、电力、水利等各个行业，项目管理成为政府和大企业的一个重要管理工具。随着信息技术的快速发展，现代项目管理的知识体系和职业开始逐渐成型。

1975 年，英国 Simpact Systems 公司推出 PROMPT2（项目资源组织管理计划技术）。

1976 年，在 PMI 的会议上，推出了 PMBOK 的雏形。1981 年，PMI 组委会批准了建立项目管理标准的项目。1983 年，该项目组发表了第一份报告，将项目管理的基本内容划分为范围管理、成本管理、时间管理、质量管理、人力资源管理和沟通管理 6 个领域。

1984 年，PMI 组委会批准了第二个关于进一步开发项目管理标准的项目，该小组在 1987 年发表了题为《项目管理知识体系》的文章，推出项目管理知识体系 PMBOK 和基于 PMBOK 的项目管理专业证书 PMP 两项创新。这是项目管理的又一个里程碑。

因此，项目管理专家们把 20 世纪 80 年代以前的项目管理称为“传统项目管理”阶段，把 20 世纪 80 年代以后称为“现代项目管理”阶段。

进入 20 世纪 90 年代，项目管理开始在一些新兴产业，如通信、软件、信息、金融、医药等领域开始迅速发展起来。

1996 年，在英、法、德、瑞四个国家项目管理专业人员认证标准基础上，IPMA 提出了国际项目管理专业人员能力基准 ICB。

PMI 制定的项目管理方法得到全球公认，PMI 也已经成为全球项目管理的权威机构，其组织的项目管理资格认证考试（PMP）也已经成为项目管理领域的权威认证。

2006 年 IPMA 在总结 40 多个会员国过去多年认证经验的基础上，推出了 ICB3.0，并从技术范畴、行为范畴以及环境范畴三大范畴中挑选出 46 个项目管理能力要素。

1.1.3 我国项目管理的发展历程

我国的项目管理开始于20世纪60年代，由数学家华罗庚引进PERT技术、网络计划技术，并结合我国的“统筹兼顾，全面安排”的指导思想，将这项技术称为“统筹学”。

1984年的鲁布革水电站项目，是我国第一次运用项目管理进行建设的水利工程项目。这次项目管理大大缩短了工期，降低了项目造价，取得了明显的经济效益。

1991年，我国成立了项目管理研究委员会（Project Management Research Committee，China，PMRC），出版了《项目管理》刊物并建立了许多项目管理网站，推动了我国项目管理的研究和应用。PMRC的成立是我国项目管理学科体系走向成熟的标志。

2001年7月，PMRC推出了第1版C-PMBOK。

2002年，建设部《建设工程施工项目管理规范》（建标〔2002〕12号）文件颁布执行。此《规范》的出台，标志着我国工程项目管理已进入一个新的阶段。

2006年10月，PMRC推出了第2版C-PMBOK。

美国《Fortune》杂志曾预言，项目管理将是21世纪的首选职业。现在项目管理发展之快已超出了人们的想象，未来项目管理必将成为企业发展的助跑器。

1.2 项目管理的定义

1.2.1 项目的定义

项目存在于我们生活的方方面面。开发一项新产品是一个项目；计划一次徒步旅游也是一个项目；策划一场大型国际会议是一个项目；组织一次婚礼也是一个项目。小到召开一次会议，大到举办国际瞩目的奥运会都可以成为项目，项目已经成为我们日常生活的一部分。

美国项目管理协会（Project Management Institute，PMI）在其出版的《项目管理知识体系指南》（Project Management Body of Knowledge，PMBOK）一书中是这样定义项目的：“项目是为创造独特的产品、服务或成果而进行的临时性工作。”

《中国项目管理知识体系纲要》中对项目的定义是：“项目是为完成一个唯一的产品或服务的一种一次性努力，这说明项目是为了生成一种唯一的产品、服务或者结果而投入的临时性努力。”

对于项目定义的理解，应该注意以下三个方面：

1. 一次性。每个项目都是特定的、不可逆的过程，并且与时间有关，具有确定的开始时间和结束时间。

2. 特定的产品和服务。每一个项目在特定计划内都有要完成的具体目标。任何产品或服务，总以一些显著的方式区别于其他任何类别的产品和服务。没有两个完全相同的项目，每个项目都是唯一的。

3. 努力。任何项目都会受到约束，实现项目的目标往往有一定难度，所以通常需要多个组织的共同参与和努力。以建筑工程项目为例，由于每个参与公司的工作性质不同、任务不同、利益不同，就会形成不同类型的建筑工程项目管理。有项目主持方项目管理（OPM）、设计方项目管理（DPM）、施工方项目管理（CPM）和材料设备项目管理（SPM）等。

想要达成项目的目标，往往受到一些条件的限制，可以利用的资源也是有限的，不同利益项目的参与方也需要进行协调和控制，所以必须对项目进行管理。想管理好项目，我们要先了解一下项目的特点（见图 1-3）。

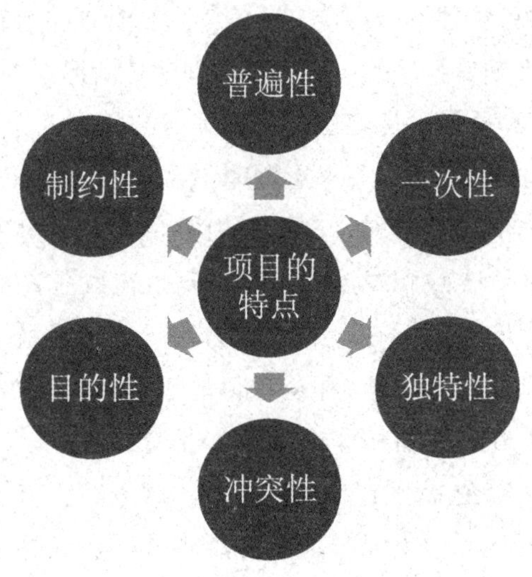

图 1-3 项目的六个特点

1. 普遍性。随着经济的发展，“项目”一词已经随处都能听到，在外吃个饭都能听到旁边人在高谈阔论一个“好项目”。项目的普遍性导致项目管理也具有普遍性，可以说任何一个项目都离不开项目管理。

2. 一次性。这是项目与其他重复性操作最大的区别。每个项目都有明确的起止时间，没有可以完全照搬的项目，也不存在完全相同的复制。项目的这个特性衍生出其他的属性。

3. 独特性。每个项目都是独特的，其提供的产品或者服务都有自身的特点，虽然可能会与其他项目类似，但是由于时间、地点、内部及外部环境、自然和社会条件不同，导致每个项目的过程都是独一无二的。

4. 冲突性。大多项目都是复杂的，可能需要多个部门成员的共同协作，他们会为了资源和人员的配备而相互竞争。随着项目的发展，不同项目之间也会为了资源而竞争。所以项目团队的成员总是处在冲突之中，不停地为了解决项目问题而争夺资源和领导权。要想管理好项目就必须解决好冲突。

5. 目的性。项目管理有确定的目标，需要在规定的时间内完成可交付的成果，要想使项目在不浪费的前提下达成既定目标，就必须对项目进行管理。

6. 制约性。任何项目都是在一定条件下进行的，有人力的约束、时间的约束、成本的约束、质量的约束、环境的约束等。尤其是时间、进度、质量和费用是必须进行约束的，只有进行必要的约束，项目才能很好地完成。

1.2.2 项目管理的定义

我们很难用一句话给项目管理下一个定义，美国项目管理协会在其出版的《项目管理知识体系指南》一书中是这样定义项目管理的："项目管理就是指把各种系统、方法和人员结合在一起，在规定的时间、预算和质量目标范围内完成项目的各项工作，有效的项目管理是指在规定用来实现具体目标和指标的时间内，对组织机构资源进行计划、引导和控制工作。"

项目管理是管理学的一个分支学科，从字面上解释就是"对项目进行管理"，不过这只是最初的概念。随着项目的实践和发展，项目管理也得到了充实和发展，现在我们所说的项目管理指的是项目的管理者，在有限的资源约束下，运用系统的观点、方法和理论，对项目涉及的全部工作进行有效的管理。即从项目的投资决策开始直到项目结束的全过程，进行计划、组织、指挥、协调、控制和评价，以实现项目的目标。

如果按照传统的做法，当企业设定一个项目后，财务部、市场部、行政部等部门都会参与到这个项目之中，这将不可避免地产生矛盾，协调不好这些矛盾无疑会增加项目的成本，从而影响项目实施的效率。

如果采用项目管理的做法，则从不同的职能部门抽调出成员组成一个新的团队，这个团队专门针对这个项目进行工作。项目经理是这个团队的领导者，肩负着领导团员准时、优质地完成全部工作的重任，在不超出预算额的情况下实现项目的目标。

项目管理要求项目管理者参与项目的全过程，并且在时间、成本、质量、风险、合同、采购、人力资源等各个方面对项目进行全方位的管理。所以项目管理可以帮助企业处理一些需要跨领域解决的复杂问题，还能实现更高的运营效率。

项目管理具有以下几个方面的特点，见图 1-4：

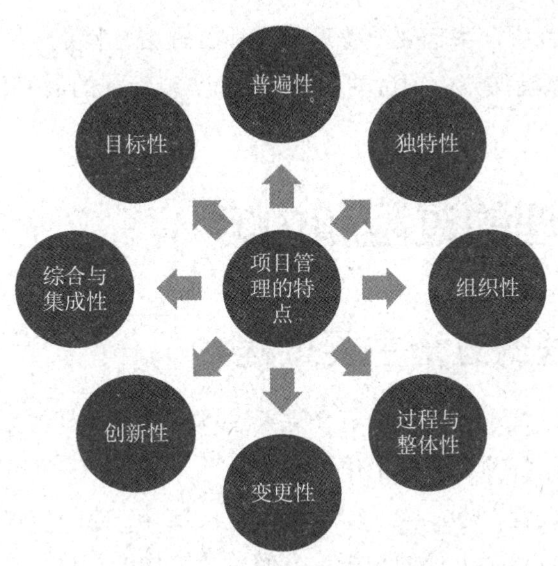

图 1-4　项目管理的八个特点

1. 普遍性。项目的普遍性决定了项目管理的普遍性。

2. 目标性。项目管理的最终目的是达到或者超出项目的预期目标，通过对项目起始过程、计划过程、组织过程、控制过程和结束过程的管理，最终让项目达到预期目标。

3. 独特性。因为每个项目都具有独特性，所以项目管理也具有独特性。项目管理是根据其独特特点的管理方法、手段和工具及管理的目标性，来开展管理具有独特性特点的项目。

4. 综合与集成性。在复杂项目管理中，必须要对项目所有构成要素、全部利益集团、各方团队等各种资源要求，进行综合、集成和优化的科学配置及管理，其管理是综合性与集成性的管理。

5. 创新性。每一个项目都具有创新性的特点，所以项目管理也需要根据项目创新性的特点而开展创新性的管理。此外，项目管理本身也需要根据时代和大环境的改变而与时俱进，才能实现有效的管理。

6. 组织性。一个项目需要团队成员共同努力、团结协作、有效沟通和技术合作，才能完成目标。一个良好的组织氛围，能使团队齐心协力地实现项目管理的预期目标。

7. 过程和整体性。项目由各子项、工作包和项目活动等层级构成，项目管理工作也要针对各子项、工作包和项目活动展开，其具有项目管理的过程性特点。同时项目管理还要兼顾项目的整体性，通过对项目的整体把握、合理规划和组织协调，达到项目管理的过程性和整体性的统一。

8. 变更性。之前制订的项目管理的内容和措施，在项目管理的实施中往往会有偏差，为了促使项目管理接近事实情况，需要对项目管理作出变更。

在项目管理的过程中，我们要熟练地掌握和了解这些特点，以便灵活运用，使理论和实践完美结合起来，以确保完成项目的预期目标，实现管理的最终目标——“财富最大化”。

1.3 项目管理的过程和内容

1.3.1 项目管理的五个主要过程

项目经理要全面掌握项目管理的五个主要过程，并重点把握系统管理的观念，注重五个不同阶段的重点，做好项目管理工作。

项目管理的五个过程（见图1-5）：启动、计划、实施、控制与收尾。在项目的启动过程，要注意组织环境及项目相关人员的分析，方便后续工作的开展。在后面的过程，项目经理要抓好项目的控制，在要求的时间、成本和质量限度内达到双方都满意的项目范围。

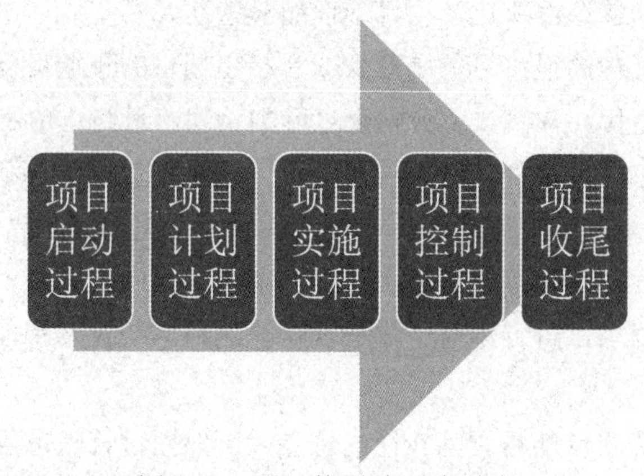

图1-5　项目管理的五个过程

1. 项目的启动过程：明确并核准项目或项目阶段。

项目的启动阶段非常重要，这是对新的项目识别与开始的过程，是决定是否进行投资，以及投资什么项目的关键阶段。如果在这个过程中决策失误则可能引起巨大的损失。重视项目启动过程，是保证项目成功的首要步骤。

项目启动过程的主要任务是对项目进行可行性研究与分析，这里主要以商业目标为核心，而不是以技术为核心。这是项目的宗旨，不管领导关心与否，都应围绕明确的商业目标来展开，以实现商业预期利润分析为重点，并提供科学合理的评价方法，方便以后能对其进行评估。

项目启动过程的常见输出结果有项目章程、任命项目经理、确定约束条件与假设条件等。

2. 项目的计划过程：确定和细化目标，并为实现项目目标和完成项目要解决的问题范围而规划必要的行动路线。

项目计划过程是项目实施过程中一个非常重要的过程。在这个过程中，通过对项目的范围、任务分解、资源分析等制订出一个科学合理的计划，使项目团队的工作开始有序地开展起来。

因为有了计划，项目在实施过程中就有了参照，通过对计划的不断修订和完善，让后面的计划更加符合实际，使得该项目得以顺利完成。有人可能认为计划应该是准确的，是不能更改的，以后的进展必须根据计划来进行。其实计划只是管理的一种手段，通过这种方式，使项目的资源配置、时间分配更为科学合理而已，在具体的实际执行过程中，计划是可以不断修改的。

在不同知识领域会有不同的计划，计划要根据项目的实际情况来编制。项目计划中的常见输出是：项目计划、范围说明书、工作分解结构、活动清单、网络图、进度计划、资源计划、成本估计、质量计划、风险计划、沟通计划、采购计划等。

3. 项目的实施过程：协调人与其他资源以实施项目管理计划。

项目的实施，一般指项目的主体内容执行过程，不过也包括项目的前期工作，所以在具体的实施过程中要注意范围变更、记录项目信息，并及时鼓励项目组成员去努力完成项目，在开头与收尾过程中，要强调实施的重点内容，像正式验收项目范围等。

在项目实施中，最主要是项目信息的沟通，要及时提交项目进展信息，以项目报告的方式定期跟进项目进度，这样有利于控制项目的质量。

4. 项目的控制过程：定期测量并监控绩效情况，发现偏离项目管理计划之处，以采取纠正措施来实现项目的目标。

对项目管理过程的控制，有利于项目达到既定的目标方向，并及时发现偏差并采取纠正措施，使得项目向目标不断前进。

在控制过程中可以根据之前的计划行事，也可以修改计划使它更加符合现状。不过修改计划的前提是让项目更加符合期望的目标。这个过程控制的重点主要有：范围变更、质量标准、状态报告及风险应对。

如果处理好以上四个方面的控制，那么项目的控制任务大体上就能完成了。

5. 项目的收尾过程：正式验收产品、服务或成果，并有条不紊地结束项目或项目阶段。

一个正式而有效的收尾过程，可以让当前的项目产生完整的文档，这不仅是对项目直接干系人的一个交代，对未来项目工作来说也是一笔财富。一个项目经理往往只重视项目的开始与过程，却忽视了项目收尾工作，这说明项目管理水平还需要得到提高。对于一些没有成功的项目，收尾工作会更难、更重要，因为这个项目的最大价值就是失败的教训，所以要通过收尾工作将其提炼出来。

通常，项目收尾工作包括对最终产品的验收、形成项目档案、吸取的教训等内容。此外还包括对项目相关人员要做一个合理的安排，常常这是容易被忽视的地方，只是把人简单地打发回去不是最好的处理办法，这是对项目组成员的不负责任。

要根据项目的大小来决定项目的收尾形式，可以用发布会、表彰会、公布绩效评估等手段来进行。如果在项目结尾时还能对项目进行收尾审计，那就最好了。

1.3.2 项目管理的内容

早期的项目管理，只关注项目的成本和进度，后来又扩张到对质量的关注。经过几十年的发展，现在项目管理已经涵盖了五个具体过程、九大知识体系的单独学科分支（见图1-6）。下面简单介绍一下项目管理的内容。

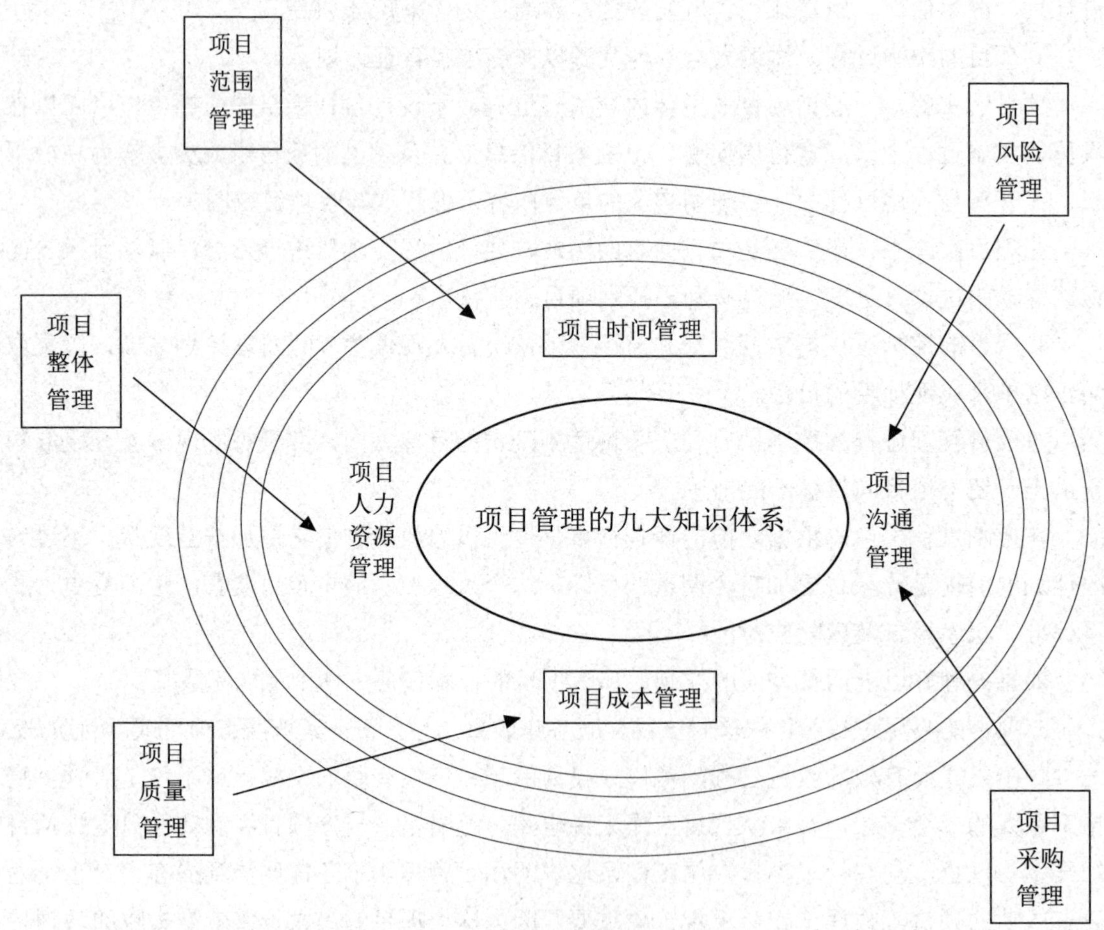

图 1-6　项目管理的九大知识体系

1. 项目整体管理

项目整体管理是项目管理中一项综合性和全局性的管理工作，综合运用了其他八个领域的知识，合理集成与平衡整个项目中各要素之间的关系，是保证项目成功完成的关键。项目的整体管理包括：项目计划制订、项目计划执行及整体变更控制三个主要过程。

2. 项目范围管理

如果一个项目的范围不确定，则会导致项目范围不断扩大，所以项目经理在项目开始时，要对项目范围有清晰明确的认识，并能拿出成员都认可的范围说明文档——项目章程。为了确保项目的实施，明确项目组各个成员的工作职责，项目经理还需要对项目范围进行分解，使之成为更小的项目任务包——工作分解结构（WBS）。

3. 项目时间管理

项目的时间管理，就是确保项目能按期完成的过程。要先制订出项目的进度计划，然后根据计划检查、计划进度与实际完成情况间的差距，及时作出资源和工作内容的调整，以确保项目进度的实现。

4. 项目成本管理

在成本管理方面要求项目经理努力减少和控制成本，满足项目干系人的期望。这个过程包括：资源计划、成本估算、成本预算、成本控制。成本管理中涉及很多财务管理的知识，作为项目经理要熟知并理解。

5. 项目人力资源管理

项目的人力资源管理就是让每个参与项目的人员都能有效发挥作用。其主要内容包括：组织计划编制、获取相关人员、团队建设。

6. 项目质量管理

项目的质量，就是项目满足客户明确或隐含的要求的一致性程度。现代质量管理已经建立起相对完善的质量体系，国际组织也有相关的质量文件来评审普通的生产质量，如ISO9000系列就是质量标准。

7. 项目沟通管理

所有的控制都是基于沟通的基础之上，所以项目的沟通管理非常重要，是项目经理实施其他管理手段的基础。项目的沟通，可以采用书面报告、口头报告或非正式的交流，每一种方式都有自己的利弊，要根据实际情况来选择。

当沟通对象增加后，沟通的复杂程度也随之增加，所以沟通要选择适当的工具和手段来提高沟通的效率，要尽量减少和避免那些无效的沟通。

8. 项目风险管理

在项目进行中，项目的风险管理能有效避免风险的发生；当风险发生时，项目的风险管理能帮助我们用正确的心态去面对已经发生的风险，不至于面对风险手足无措。一些项目的失败，就是因为在风险发生时，项目干系人心理受到伤害，导致其失去正确判断的能力，从而作出了错误的决策。

9. 项目采购管理

采购就是从外界获得产品或服务。现在很多企业都离不开采购管理，能否做好采购管理是保证项目成功的重点内容。有效的采购管理包括编制合理有效的采购计划、编制询价计划、询价、开标、管理、收尾过程。

在整个采购过程中，容易忽视两个过程，一是采购计划，二是合同收尾。采购计划的编制，是采购管理整体按需求进行的前提，如果这一步做不好，其他都是白费劲。而在采购的合同收尾过程中，最容易忘记或做不到的就是采购审计。

1.4 项目管理的分类和发展趋势

1.4.1 项目管理的分类

项目管理本身属于项目管理工程这一大类，项目管理工程包括：开发管理（DM）、项目管理（PM）、设施管理（FM）以及建筑信息模型（BIM）四类。

根据不同的运用领域，可将项目管理划分为：信息项目管理、工程项目管理、投资项目管理三大类，见图 1-7。

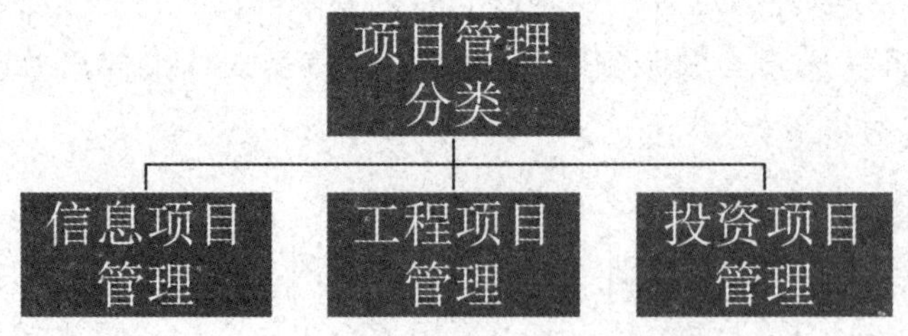

图 1-7　项目管理的三大类别

信息项目管理是指在 IT 行业的项目管理。信息行业的企业为了攻克某一个技术或完成某一项产品，需要确定一个项目，在该项目中引入信息项目管理的程序来执行任务。

工程项目管理是指项目管理在工程类项目中的应用，像开展建筑、桥梁、园艺等工程类项目就应该使用工程项目管理。在工程项目管理中，施工板块要做到成本和进度的把控，这个板块主要使用工程项目管理软件来进行把控。

投资项目管理主要用于金融投资板块的把控，偏向于规避金融风险。

项目管理在不同的行业，有不同的称谓，也有不同的侧重点。每一个从事项目管理的人都要明白自己所在行业的特点，要有侧重点地去管理。

1.4.2 项目管理的发展趋势

美国著名杂志《财富》预测项目经理将是 21 世纪年轻人首选的职业，现在项目管理已经成为全球管理的新热点，其呈现出下面三个发展特点：

一、项目管理的全球化发展

在知识与经济的全球化过程中，因为竞争的需要和信息技术的支撑，使得项目管理在全球迅速发展起来。具体表现在以下几个方面：

1. 国际间的项目合作日益增多。通常国际间的合作与交流都是通过具体项目来实现的。在国际项目合作中，各国项目管理的方法、文化、观念也得到了交流与沟通。

2. 国际化的专业活动日益频繁。出于对项目管理知识体系的探讨，现在世界各地每年都会召开很多项目管理的专业学术会议，少则几百人，多则上千人，吸引着各行各业的专业人士参加。

3. 项目管理专业信息的国际共享。因为互联网的发展，一些国际组织已经在国际互联网上建起了自己的网站，一些项目管理的最新信息都可以在网上随时查阅。

项目管理的全球化发展给我们创造了很好的学习机遇，让我们有机会向国际化水平发展。

二、项目管理的多元化发展

人类社会的大部分活动都可以用项目来运作，随着项目的多元化，项目管理也深入各行各业中，以不同的类型、不同的规模出现。

从行业性来说，建筑业的项目实践历史最悠久，接着便是 20 世纪 40 年代美国的国防工业，继而是各行各业，现在一些高科技产业及各种社会大型活动也开始应用上了项目管理。

从项目类型方面来看，对项目管理有不同角度的理解，如宏观、微观，重点、非重点，工程、非工程，硬项目、软项目等。

因为项目类型的多样化，有的项目很大，如城市建设项目、技术改造项目；有的项目则很小，如筹办一次运动会、举办一个培训班等。所以项目管理莫衷一是，很不规范。

在项目的规模上，也出现了类似情况，项目的范围有大有小，时间有长有短，涉及的行业、专业、人员也差别很大，难度也有大有小，所以才会出现各种各样的项目管理方法。

三、项目管理的专业化学科发展

1. 项目管理知识体系（PMBOK）在不断发展和完善之中。

2. 项目管理的学历教育从本科到研究生，非学历教育从基层项目管理人员到高层项目经理，形成了层次化的教育培训体系。

3. 对项目与项目管理的学科探索正在积极进行之中，有分析性的，也有综合性的，有原理概念性的，也有工具方法性的，非常丰富。

目前国际项目管理组织正在积极筹备建立有关国际机构与论坛，以求发展全球项目管理的专业化与标准化问题。世界各国也涌现了大量关于项目管理的专业书籍，未来项目管理的发展将会更加广阔和深入。

第2章　项目管理的组织

2.1 项目管理组织的基本概念

2.1.1 项目管理组织的含义

说起组织大家并不陌生，从广义上说，组织是指由诸多要素按照一定方式相互联系起来的系统。从狭义上说，组织就是指人们为实现一定的目标，互相协作结合而成的集体或团体，如党团组织、企业、军事组织等。

项目管理组织是指为了完成某个特定的项目任务而由不同部门、不同专业的人员所组成的一个特别工作组织，通过计划、组织、领导、控制等过程，对项目的各种资源进行合理分配，以保证项目目标的顺利达成。它不受以往的职能组织构造的束缚，不过也不能代替各种职能组织的职能活动。项目组织的大小根据项目活动的集中程度而定，可以很小，也可以很大。

工程项目组织的基本结构是由作为战略决策层的投资者，战略管理层的业主，项目管理层的项目管理公司及实施层的设计单位、施工承包商和供应商四个阶层共同构成的，见图2-1。

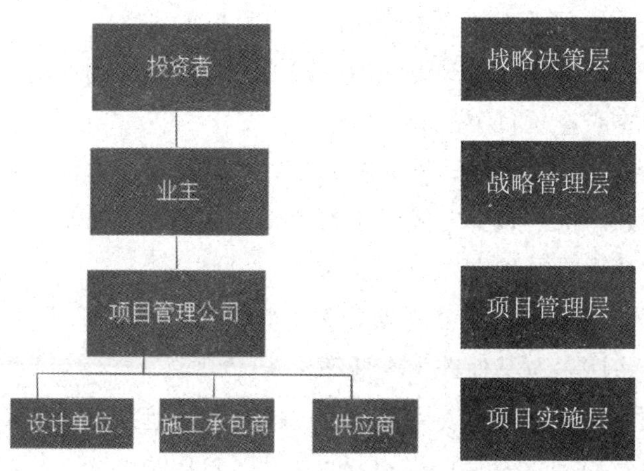

图2-1　工程项目组织的基本结构

项目管理组织为项目管理提供了组织保证。一个完善、高效、灵活的项目管理组织，可以让项目的目标得以实现，可以有效地应对项目环境发生的变化，可以最大程度满足项目成员的各种需求，从而建立起一个具有凝聚力、组织力和向心力的高效团队，以保证项目组织系统的正常运行，确保施工项目任务的完成。

项目管理组织的成立，使得权力系统得到统一，便于进行集中统一的指挥。项目管理组织机构的建立，用法定的形式确定了权力的分配。管理地位的形成需要权力，有了权力方便项目管理者有效地利用权力去实现项目管理的既定目标。

项目管理组织的建立有利于形成责任制和信息沟通体系。责任制是项目管理组织中的核心问题。一个项目管理组织能否有效地运行，关键在于是不是有健全的岗位责任制，如果每个项目成员不用承担责任也就称不上项目管理机构了，更不用谈进行项目管理了。

信息沟通是组织力形成的重要因素。在项目进行中下级可以向上级传递信息，同级不同部门之间为了相互协调也会横向传递信息，只有建立了项目管理组织机构，才能让这种信息沟通体系顺利运行。

2.1.2 项目管理组织的基本理论

项目管理组织是保证项目正常实施的组织保证体系，因为项目是一次性的任务，所以项目管理组织建设包括了组织设计、组织运行、组织更新、组织终结这样一个生命周期。项目管理人员要在有限的时间、空间和预算范围内将大量的物资、设备、人力组织在一起。实现项目的目标，必须组建一个合理的项目管理组织。

项目管理组织具有以下几个特征：

1. 虽然项目管理组织目标单一，但工作内容却又多又杂；
2. 因为项目是一次性的，所以项目管理组织也是一个临时性机构；
3. 项目管理组织必须要精干高效，才能保证项目目标的实现；
4. 在项目管理组织中，项目经理是组织的关键，起着决定性的作用。

在组建项目管理组织时，项目组的成员包括：

1. 项目经理：包括业主项目经理、设计单位项目经理和实施单位项目经理。
2. 项目工程师：主管产品的设计开发，主要负责产品的功能分析、规格说明、图纸、费用估算、质量、工程变更及技术文档。
3. 制造工程师：把项目工程师的设计成果变成有效的生产过程，包括设计和安装相应的生产设备、安排生产进度以及其他的生产活动。
4. 现场经理：在产品交付给用户使用时负责现场支持，包括安装调试等工作。
5. 合同管理员：负责该项目所有正式的书面文件，对用户变更、提问、投诉、法律方面、成本及其他授权给项目的关于合同方面的事务保持跟踪。

6. 项目管理员：负责记录该项目的日常收支情况，包括成本变化、劳务费用、日常用品及设备状况等；此外还要定期做一些报表，并与项目经理和公司领导保持密切联系。

7. 支持服务经理：负责产品的服务支持，与分包商的联系、信息处理等。

任何一个项目，不管规模大小，每个项目组织设计都是一个完整的过程，每个项目设计过程都要回答以下几个基本问题：

1. 谁来设计？

项目组织结构应该由项目经理负责设计。

2. 设计什么？

完成项目组织结构体系，组织内部的部门设置，各部分的责任与权力划分。

3. 项目组织设计的成果是什么？

项目组织结构图；项目组织管理制度，包括决策程序、协调机制、特殊情况的应对措施、激励制约机制。

项目管理组织设计的程序，见图 2-2：

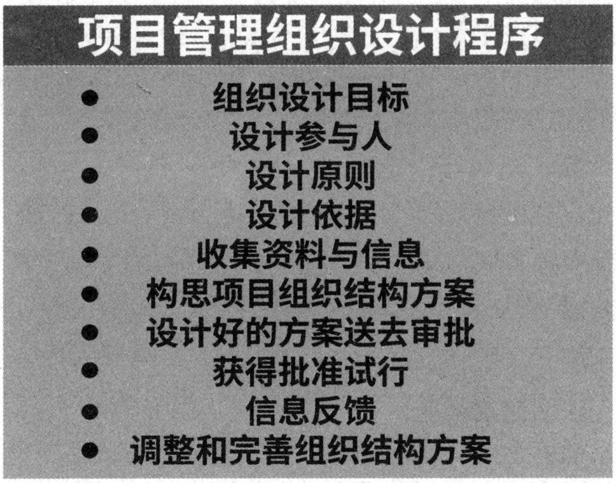

项目管理组织设计程序

- 组织设计目标
- 设计参与人
- 设计原则
- 设计依据
- 收集资料与信息
- 构思项目组织结构方案
- 设计好的方案送去审批
- 获得批准试行
- 信息反馈
- 调整和完善组织结构方案

图 2-2　项目管理组织设计的程序

1. 组织设计目标：在准备设计项目组织时，要先明确组织设计的目标；

2. 设计参与人：有了目标之后选择合适的人；

3. 设计原则：在设计时要遵循一定的设计原则；

4. 设计依据：根据什么去设计；

5. 收集资料与信息：为了项目组织设计得合理，要多收集资料和信息；

6. 构思项目组织结构方案；

7. 设计好的方案送去审批；

8. 获得批准试行；

9. 信息反馈；

10. 调整和完善组织结构方案：根据反馈回来的信息，优化组织结构方案。

设计时应该遵循的原则：

1. 整体性原则；

2. 目标一致性原则；

3. 有效管理层次和管理幅度原则；

4. 责任和权利对等原则；

5. 精干、高效原则；

6. 命令统一原则；

7. 合理分工与密切协作原则；

8. 集权和分权相结合原则；

9. 均衡性原则。

项目管理组织的设计依据：

1. 项目生产或服务的技术特点；

2. 项目范围说明书：包括项目合理性说明、项目目标、项目可交付成果，项目描述及其组成描述，技术规范；

3. 项目工作分解结构；

4. 项目实施的承发包制度；

5. 项目管理的委托管理方式；

6. 企业人力资源状况；

7. 企业内部管理制度。

组织设计有哪些无法回避的问题：

1. 是因事设岗还是因人设岗；

2. 集权与分权怎么平衡；

3. 组织设计与人力资源管理制度；

4. 组织设计与公司治理结构；

5. 组织设计与公司的战略平衡；

6. 公司文化与文化变革；

7. 公司总经理的领导风格；

8. 项目所拥有的人力资源。

2.2 项目管理组织结构模式

2.2.1 项目管理组织设计的内容

为了充分发挥整体大于部分的优势，让有限的资源形成最佳的综合效果，有必要对项目管理组织进行设计。

项目管理组织设计是指对项目管理组织开展工作、实现目标所必需的各种资源进行安排，以便在适当的时间和地点把工作所需的全部力量有效地结合在一起的一项管理活动过程，见图 2-3。

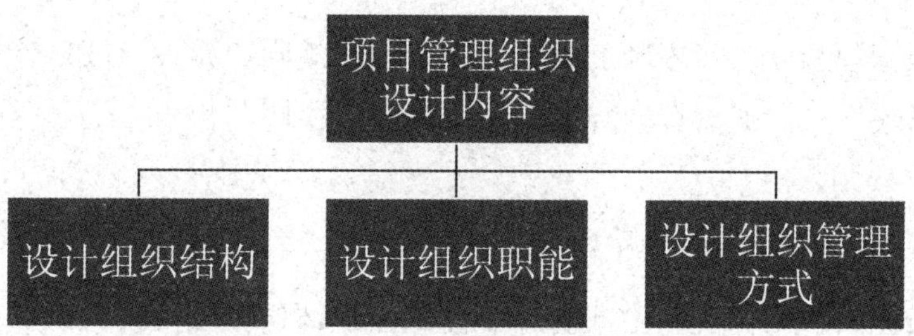

图 2-3　项目管理组织设计的内容

在进行项目管理组织设计时，主要从以下几个方面去设计：

1. 组织结构的设计

这是一个建立或改造组织的过程，是对活动框架与组织结构的设计与再设计，一般包括：结构类型的确定、组织部门的设置、管理跨度和管理层的设计。

2. 组织职能的设计

这是对组织的管理业务进行总体的设计，确定组织的各项管理职能及其结构，并层层分解下面的各个管理层次、管理部门、管理岗位的各项工作，一般包括：部门职能设计、部门职权设计、组织规范设计。

3. 组织管理方式的设计

设计好组织结构和组织职能后，要设计并采用科学合理的管理手段和方式来确保组织职能得到充分发挥，一般包括：组织决策机制的设计、组织集权分权的设计；组织执行机制的设计；组织协调机制的设计；组织的健全和完善。

项目管理组织设计的步骤是：

1. 职能设计：确定组织要承担哪些职能，能实现对整个项目的有效管理。

2. 部门设置：把相近的工作归为一类，根据每一类工作建立相应的管理机构。

3. 确定管理跨度和层级：在管理中如果层级过多不仅导致信息的传递速度变慢，还可能会让信息失真，影响到管理的效率；如果管理的跨度太大，也不能实现有效的管理和控制。所以，在进行项目管理组织的设计时，要综合考虑管理的层级与跨度。

4. 确定职权：授予各级管理者任务及所需的责任与权力，从而确定组织成员间的职权关系。

5. 岗位设置：主要是针对部门下属具体工作岗位的设计活动。根据各个部分承担的职责、工作范围、工作量、专业技能等因素，设计相应的工作岗位数量。

6. 绘制组织机构图：项目管理组织的部门设置好后，将各部门及其岗位进行汇总，绘制项目管理组织结构图，该过程也是对部门职能划分再确认的过程。

7. 确定组织的协调机制：对项目管理组织内部相互沟通，解决矛盾、棘手问题的制度安排。

8. 确定组织管理制度：管理制度是该组织运行的规则。如果把项目管理组织机构的建立称为组织的“硬件”，那么管理制度就是组织的“软件”。

2.2.2 项目管理组织结构的类型

现行项目管理组织结构类型主要有：职能式组织结构、项目式组织结构和矩阵式结构（其中又包括职能矩阵、平衡矩阵和项目矩阵）。

一、职能式组织结构

职能式组织结构就是在组织目前的职能型等级结构下加以管理，一旦项目开始运行后，项目的各个组成部分就由各职能单位承担，各单位负责完成其分管的项目内容。如果项目的性质既定，某一职能领域对项目的完成发挥着主导性的作用，职能领域的高级经理将负责项目的协调工作，见图 2-4。

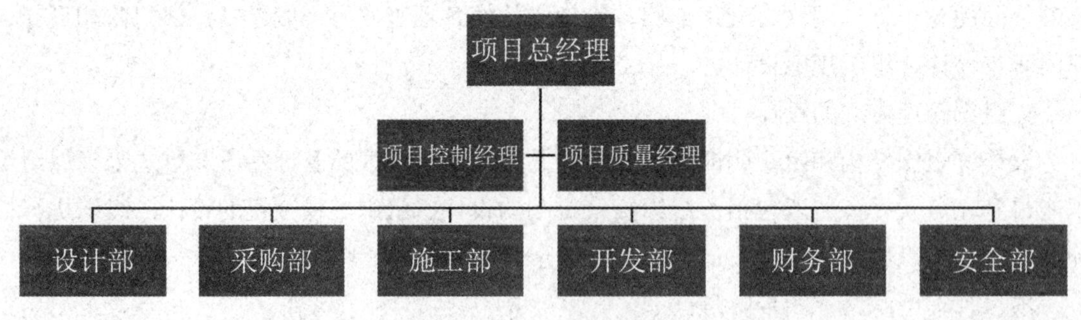

图 2-4　职能式组织结构图

一般企业都会设置市场、采购、生产、财务、销售、人事等部门，如果一个项目与公司的财务部有着最密切的关系，那么就由财务部的经理或者员工兼任项目经理，该项目的成员均为该职能部门的员工，其他职能部门可以提供协助。

这样的职能组织结构就像一个金字塔结构，高层管理者位于金字塔的顶部，中层和底层则沿着塔顶向下分布。这样的组织形式适合于规模小、单一专业领域、可以在一个职能部门内完成的项目，不适合跨部门的项目。需要跨部门的项目必须要采取职能式组织结构，那么就需要把项目分割成一些适合各职能部分完成的小块。

这种结构的优点：

1. 在人员的使用上有较大的灵活性，可以保持项目的连续性。如果项目成员离开本部门甚至离开公司时，职能部门可作为保持项目连续性的基础。

2. 技术专家可同时被不同的项目任用。使用这种组织结构，只要选择了一个合适的职能部门作为项目的上级，该部门就能为项目提供它所需要的专业技术人员，而且技术专家可以同时被不同的项目所使用，并在工作完成后又可以回去做他原来的工作。

3. 职能部门可以为本部门的专业人员提供一条正常的晋升途径。

这种结构的缺点：

1. 客户得不到应有的关注，因为每个职能部门都有自己的核心常规业务，有时为了满足自己的基本需要，对项目的责任就会忽视，使项目和客户的利益得不到优先考虑。

2. 技术复杂的项目通常需要多个部门的共同努力，这种组织结构在跨部门之间的合作与交流方面存在一定困难。

3. 项目成员的积极性不高。因为项目成员是临时抽调的，他们认为该项目是一项额外的负担，与他们的职业发展和提升无直接关系。

4. 责任不明确。在这种组织结构中，有时会出现没有一个人承担项目的全部责任的现象，往往是项目经理只负责项目的一部分，另外一些人则负责项目的其他部分，责任不明确。

5. 协调比较困难。当涉及到多个项目时，在资源的优先使用权上必然会产生冲突，比较难以协调。

二、项目式组织结构

项目式组织结构就是指创建独立项目团队，这些团队的经营与母体组织的其他单位分离，作为一个独立的单元来处理，有自己的技术人员与管理人员，是一个单目标的垂直组织方式。

项目式组织结构是按照项目来规划所有资源的，并建立以项目经理为首的自控制单元。项目经理在项目实施方面有着很大的权力，可以调动整个组织内部和外部的资源。项目的所有参与人员在项目实施过程中置于项目经理的掌握之中。

这种结构的优点有：

1. 项目团队重点集中，项目经理对项目全权负责，项目团队工作者可以全身心投入工作之中，他们唯一的任务就是完成项目，并只对项目经理负责，避免了多重领导。

2. 权力的集中加快了决策的速度，使得整个项目组织能够对客户的需要和高层管理者的意图作出更快的响应。

3. 在这种项目团队中，成员动力强、凝聚力高，参与者分享项目及小组的共同目标，个人责任比较明确。

这种组织结构的缺点有：

1. 资源配置重复。当一个公司有多个项目，每个项目都有一套自己的班子，这将导致人、财、物、技术等重复配置和不同项目的重复努力，使得规模经济丧失。

2. 项目团队自身是一个独立的实体，容易产生一种被称为“项目炎症”的问题，即项目团队与母体组织之间出现一条明显的分界线，削弱项目团队与母体组织之间的有效融合。

3. 创建自我控制的项目团队限制了用最好的技术来解决问题。

4. 对项目组成员来说，缺乏一种事业的连续性和保障，项目一旦结束，成员可能面临无“家”可归的情况，成员得不到妥善的安排。

三、矩阵式组织结构

矩阵式组织结构是职能式组织和项目式组织的混合形式，这种结构是为了最大限度发挥项目式组织和职能式组织的优势，它在常规的职能层级结构之上“加载”了一种水平的项目管理结构。根据项目与职能经理相对权力的不同，实践中存在不同种类的矩阵体系，分别有权力明显倾向于职能经理的职能矩阵、权力明显倾向于项目经理的项目矩阵和传统矩阵安排的平衡矩阵。

在矩阵式组织中，各职能部门中与某项目有关的人员被临时抽调出来，在项目经理的领导下进行该项目的工作。这些成员根据工作的需要，可以在项目部办公，也可留在各职能部门办公。职能部门的负责人既要对他们的直接上级负责，也要对项目经理负责。

在项目管理中矩阵式管理组织结构是应用最多的，它适用于规模中等、涉及多专业领域的项目。

这种组织结构的优点有：

1. 和职能式组织结构一样，资源可以在多个项目中共享，可大大减少项目式组织中人员冗余的问题，也有利于专业技术的提高和专门人才的成长。

2. 对客户的要求响应迅速，对公司内部的要求也能快速作出响应。

3. 当有多个项目同时进行时，公司可以平衡资源以保证各个项目都能完成其各自的进度、费用及质量要求。

4. 项目结束后成员仍然留在原部门，这减少了项目成员对项目结束后的忧虑，一方面他们与项目有很强的联系，另一方面他们对职能部门也有一种“家”的感觉。

这种组织结构的缺点有：

1. 矩阵结构容易引起项目经理和职能经理之间的权力争夺，以及各职能部门间的权力斗争，每个部门都想在该项目上为本部门争取更多的利益。

2. 任何情况下的跨项目分享设备、资源和人员都会导致冲突和对稀缺资源的竞争。

3. 在项目执行过程中，项目经理必须就各种问题与部门经理进行谈判和协商，从而导致决策的制定被耽误。

4. 矩阵管理与命令统一的管理原则相违背，项目组成员有两个上司，即项目经理和部门经理，当他们的命令有分歧时，会令成员感到左右为难，无所适从。

5. 没有明确责任，容易导致项目成功时抢功，失败时相互推卸责任。

矩阵组织结构的三种不同形式并不一定都具有上述优缺点：项目矩阵会提高项目的整合度，减少内部权力斗争，但职能领域对其控制力较弱，容易出现“项目炎症”；职能矩阵能提供一个更好的系统来管理项目之间的冲突，但项目整合效率低下；平衡矩阵能够更好地实现技术与项目要求之间的平衡，但它的建立与管理是很微妙的，很可能会遇到与矩阵组织有关的很多问题。每个项目具体选择哪种组织结构，要结合项目本身及公司特点斟酌选择。

2.2.3 项目管理组织结构的选择

项目管理以其目标的明确性、组织的灵活性和环境的适应性等优势受到企业的青睐，项目管理的组织结构又是项目管理的核心，组织结构的类型对项目的成败有很大的影响，每个项目到底该选择什么样的组织结构不能一概而论，见图 2-5。

图 2-5　项目管理组织结构选择要点

1. 选择能够平衡项目与母体组织需要的组织结构

有人可能会认为项目管理最简单有效的方法，就是创建一个全日制的专业项目团队。但是如果这样做的话，可能会损害其他的组织活动，从而引发母体组织与项目团队成员的间隙。当该项目结束后，项目成员返回母公司与其他成员相融合时，会受到阻碍，容易引起“项目炎症”，对母体组织造成不利影响。

所以在为项目选择组织结构时，首先要考虑能否平衡项目与母体组织的需要，使权威性、资源分配以及项目成果能够与主流运营业务完全融合，以减少对母体公司的损害。

2. 选择与组织文化相融合的组织结构

广义的组织文化是指企业在建设和发展中形成的物质文明和精神文明的总和。狭义的组织是指组织在长期的生存和发展中所形成的为组织所特有的、且为组织多数成员共同遵循的最高目标价值标准、基本信念和行为规范等的总和及其在组织中的反映。

具体说来，组织文化指的是组织全体成员共同接受的价值观、规范、信仰、思维方式、工作作风、心理预期和团体归属感等群体意识的总称。

文化反映了组织的个性，文化能使我们预测组织成员的态度和行为。通过不同的文化我们能将某个组织与同一行业内其他的组织区分开来。

组织文化与项目管理之间有着很强的关系，如果把组织文化比作水，项目管理就是舟，“水能载舟亦能覆舟”。

如果组织文化在有益于项目管理的组织中，组织与完成项目就像顺水推舟，只需要掌好舵就可以了，这时完成项目目标不需要投入太多的权利和资源，组织文化就会自行推进项目的完成，这时即使较弱的管理结构也能完成预期的目标。

如果组织中的主流文化妨碍了项目管理，在这样的组织中完成项目就像逆水行舟，想要完成预期的目标，则需要花费更多的时间和努力。如果是这种情况，那么可以尝试将项目团队与主流文化分离开来。如果因为资源受限的问题，无法重新建立一个专业项目团队，那么可以试试项目矩阵，项目经理对项目有绝对的控制权。

3. 选择“混合匹配”的方式来管理项目

选择项目管理的组织结构，不一定是非此即彼，有时是可以实行“混合匹配”的，有很多大量参与项目的管理企业采用专业项目团队来处理特殊的项目，而其他一些项目则使用矩阵来安排。

比如某企业将项目分为三类：高级开发项目、平台项目和增长式项目。

高级开发项目的风险高，其目标是创建突破性的产品或者流程，于是企业就选用专业的项目团队来完成这类项目；平台项目的风险中等，其目标是系统升级，从而产生新的产品和过程，这样的项目可以采用矩阵式的结构；增长式项目的风险低、期限短，目标是对现存产品及流程进行小的调整，这类项目可采用智能矩阵结构。

这种“混合式”的组织结构，使公司在建立项目组织时具有很大的灵活性，但是也有一定的风险。同一个公司如果对若干项目采取不同的组织形式，由于利益分配上的不一致，可能会产生矛盾，在使用时要慎重。

2.3 项目实施的组织结构

2.3.1 项目实施的含义

一个项目从勘察设计、建设准备、计划安排、工程施工、生产准备、竣工验收直到项目建成投产这一系列的工作就是项目实施。项目实施是项目建设的实质性阶段。

当项目进入实施阶段后，建设单位要组建管理机构，主持项目设计和施工的招标、评标，签订设计合同、施工合同、材料设备采购合同，制订项目实施计划，衔接、协调各方面的工作，招聘和培训工人，进行投产准备、试运转。设计单位要按期完成设计，施工单位要按期完成建筑安装任务，以保证项目目标的实现，贷款银行要及时拨付款项，并监督项目的实施。

项目实施的具体内容主要包括以下几个方面：

1. 项目实施的管理

组建相应的筹建组织，开始办理项目的勘测、设计、施工招标和委托等手续，进行选址，提供必要的基础资料，申请或者订购相应的设备材料，承担各项生产准备工作。

2. 设计和订购设备

设计一般分初步设计和施工图设计两个阶段，需要准备相应的基础资料。根据项目计划的清单联系订货和制造（包括询价、报价、谈判等），掌握制造周期、到货时间及安装工程的配合。

3. 项目资金的筹集

根据进度，掌握资金的筹集时间。

4. 施工阶段

需要购买土地，做好补偿、搬迁及人员安排；监督和协调土建施工和设备的验收、安装、调试和试生产；相关人员的招收和培训；物资的供应；产品营销工作的策划与安排。

项目实施阶段包括项目计划执行和控制两个过程，不过在项目实施前还要做一些必要的准备工作，具体过程如下，见图 2-6：

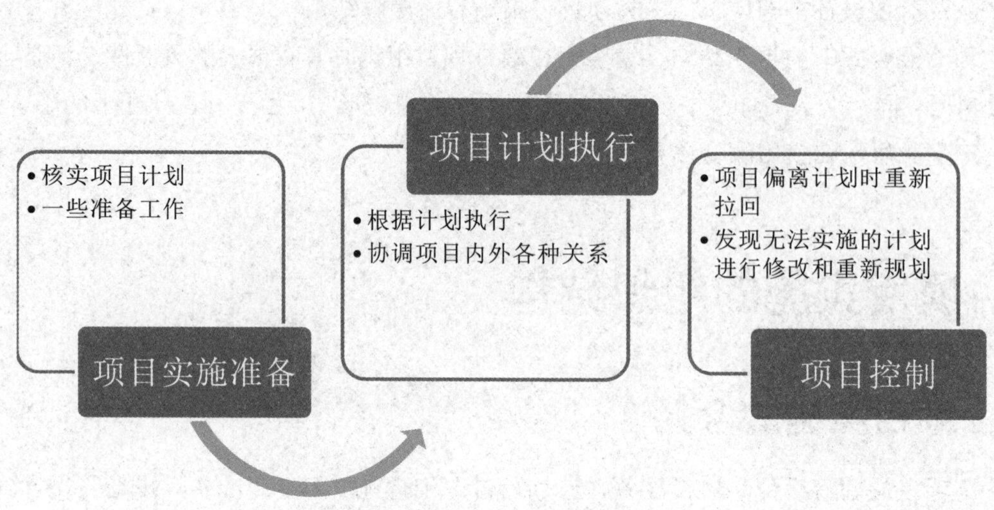

图 2-6　项目实施过程

1. 项目实施准备

在项目计划实施前，项目班子应当对项目计划进行必要的核实，看其是否完整合理、是否可行，确认项目所需的资源是否有保证，项目班子的权力有没有得到各方的认可等。此外，还要进行项目实施的准备工作，要对项目相关人员，包括项目发起者和业主进行宣传、说服和动员，营造一个有利于项目实施的气氛和环境。很多项目的失败就是因为准备不充分，仓促开工导致的。所以要把各方面的力量都动员起来后，再把项目计划付诸实施。

2. 项目计划执行

项目计划执行就是通过完成项目范围内的工作来完成项目计划，其主要依据就是项目计划。在执行的过程中，项目班子要对项目技术和组织界面进行管理，也就是协调项目内外的各种关系。

在项目计划执行中，可以建立工作核准制度来确保各项工作的按时完成。为了保证所有项目相关人员之间的顺畅沟通，项目班子要信息分发和按时编写进度报告。通过信息分发，能把信息及时地分发给项目相关者。进度报告是各项目相关者之间沟通的重要资料，内容主要是项目计划执行情况的有关资料。

3. 项目控制

有时项目执行起来不是那么顺利的，总会遇到一些意外情况，使得项目不能按照原来的计划进行，这时就需要项目经理和项目班子来进行控制。

项目控制就是监控和测量项目的实际进展，当发现项目在实施过程中偏离了计划，就要分析原因，找到解决的办法，把项目重新拉到计划的轨道上来。如果发现计划中的某些东西在实施中无法实现，或者即便勉强实现也要付出很大的代价，那么就要对项目计划进行修改或者重新规划。

进行项目控制时要有全局观，要有明确的控制目标和目标体系，要注意预测项目过程的发展趋势，预见可能会发生的偏差，实施主动控制。在控制过程中要考虑项目管理组织实施控制的代价，控制的方法及程序也要适合项目实施组织和项目班子的特点，同时要有重点地控制。

了解了项目实施后，我们接下来主要从建设工程项目管理方面来介绍项目实施的组织结构。

2.3.2 业主方项目管理模式

为了保证项目的顺利实施，业主方的首要任务是确定项目实施的组织结构。项目实施的组织结构既要反映业主方与项目参与各单位之间的指令关系，又要反映业主方为实现该项目所建立的内部组织结构，而业主方的内部组织结构又与业主方选择的项目管理模式有关，所以我们先来解释业主方项目管理模式。

对建设工程项目管理而言，业主方的项目管理模式归纳起来主要有三种，见图 2-7：

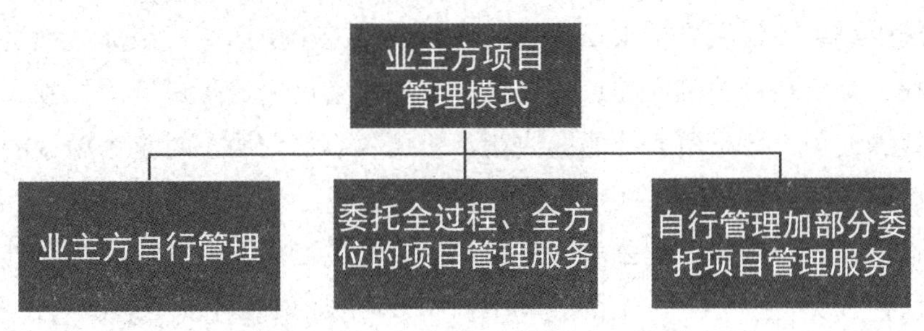

图 2-7　业主方项目管理模式

1. 业主方自行管理（简称 A 模式）：业主方根据自有的人力资源自行管理。

2. 业主方委托全过程、全方位的项目管理服务（简称 B 模式）：业主方委托一个或者多个工程管理咨询公司进行全过程、全方位的项目管理。

3. 业主方自行管理加部分委托项目管理服务（简称 C 模式）：业主方委托一个或者多个工程管理咨询公司进行项目管理，但业主方的人员也参与管理。

国际咨询工程师联合会（FIDIC）有关合同文本中规定，如果采取上面的 C 模式，则业主方的管理人员将在业主方委托的工程管理咨询公司的项目经理手下工作。

一些发达国家为了保护纳税人的利益，由政府投资的项目（或者有政府投资成分的项目）都是由政府部门直接进行工程项目管理的。如果政府主管部门管理工程项目的能力非常强，通常会采用A模式。但有些发达国家，因为政府投资的项目数量太多，自己管理不过来，也会委托半官方的事业单位或者一些非营利性的组织进行政府投资项目的管理。通常非政府投资的项目大多采取B模式或者C模式。

业主方具体采取哪种管理模式，要根据项目的实际特征和自己的实际情况来确定，以正确选择项目管理模式。

2.3.3 业主方管理的组织结构

建设工程项目在确定项目组织结构时，除了要考虑业务之外，还要考虑那些参与的单位，如设计单位、施工单位、供货单位和工程管理咨询单位以及一些会涉及的政府职能部门等，项目实施的组织结构图应当反映业主方和项目的各参与方之间的组织关系。

业主方、设计方、施工方、供货方和工程管理咨询方的项目管理的组织结构，都可用自己的项目组织结构图去描述。

项目实施的组织机构专指系统集成商在具体项目中对质量、进度计划、实施服务和资源调配进行有效管理和控制的组织形式和管理方法，用来保证项目的正常开展，使得项目目标得以实现。

项目实施组织由项目领导、项目管理和项目成员三个层面共同组成。项目指导机构有决策和协调权，负责项目的确立和总体规划，对项目实施全过程进行组织领导，负责经费和人员的调拨和使用，负责重大问题的决策，协调各方的矛盾，对整个项目的计划进度、质量和工作情况进行检查指导，并负责组织项目的验收。

有的项目管理组织结构，把公司一些管理者的地位凌驾于财务部和综合管理部等部门之上，这样就会出现一些矛盾，导致重复指令的出现，如果在各部门之上只设置项目经理，不把那些管理者都设置在各部门之上，就不会出现这样的问题。

业主方项目管理最核心的问题就是其组织结构，在设计其项目管理组织结构图时，要考虑多方面的因素，还要根据工程的规模和特点、项目结构、工程任务的委托和发包模式、合同结构以及业主方管理人员的资源条件等合理安排。

2.3.4 业主方管理组织结构的动态调整

在项目实施的过程中，变是肯定的，不变才是相对的，所谓的平衡也只是暂时的，不平衡才是持续的。在项目实施的不同阶段，包括设计准备阶段、设计阶段、施工阶段和动工前准备阶段，因为工程管理的任务特点，管理的任务量、管理人员参与的数量和专业各不相同，所以业主方项目管理组织结构在项目实施的不同阶段应作必要的动态调整。

某市进行一个轨道交通的项目，在筹建轨道交通指挥部时，制定了一个组织结构图，里面明确了以下机构设置和关系，见图 2-8：

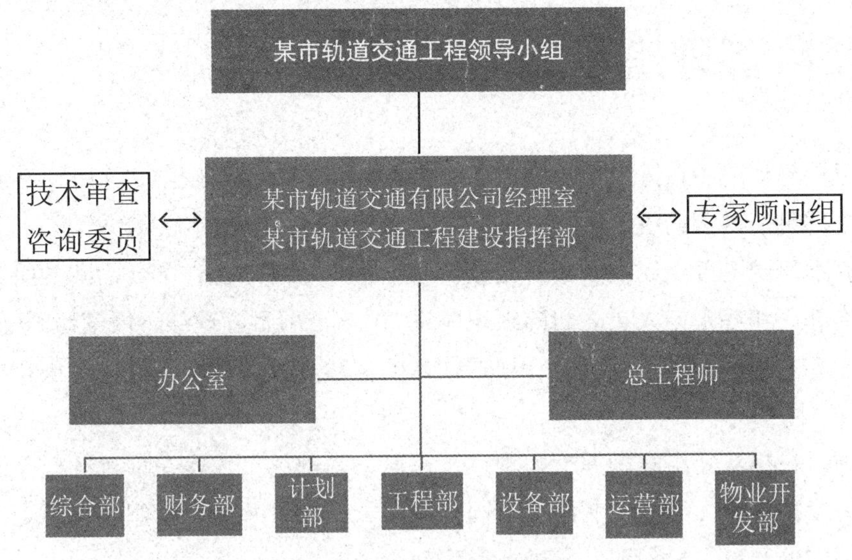

图 2-8　某市轨道交通组织结构图

1. 由该市轨道交通工程领导小组总领导，该市轨道交通有限公司和该市轨道交通工程建设指挥部联合办公；

2. 指挥部设置了技术审查咨询委员会和专家顾问组；

3. 设置了总工程师，但总工程师不直接对下面的七个工作部门下达任务；

4. 指挥部下设七个工作部门。

不过当工程进入第二阶段时，因为之前的组织结构已经不适应当前阶段的需要，导致出现了管理上的矛盾，让工程进度受到很大的影响。仔细分析之后发现，如果再把该市轨道交通有限公司与该市轨道交通工程建设指挥部放在一个管理层面，这些矛盾是无法避免的，于是就对之前的组织结构进行了以下调整：

1. 为了强化工程指挥部的领导，将该市轨道交通工程领导小组、该市轨道交通建设指挥部和该市轨道交通有限公司分成了三个管理层次；

2. 采用了矩阵式组织结构，变成纵向为七个工作部门，横向为四个工作部门；

3. 把总经理和副总经理直接管理的部门分开，以避免重复指令和矛盾指令；

4. 设置了总工程师、总会计师和总经济师。

5. 在该市轨道交通工程建设指挥部下又按地区分为四个不同的地域性分指挥部，用来协调轨道交通工程与所在地区的关系。

经过调整后，该项目进展又开始顺利起来。项目实施中没有一成不变的组织结构，要根据项目的具体需要进行动态调整。

2.4 项目管理班子的内部组织

在项目实施过程中，除了需要建立各个参与单位的实施组织结构之外，还必须建立明确的项目管理班子内部的组织结构。

项目管理班子内部组织反映了一个项目管理班子中各个工作部门之间的组织关系，反映了各工作部门和各工作人员之间的组织关系。每一个项目管理班子内部组织的具体职责、组织结构、人员构成和人员配备都会根据项目的性质、复杂程度、规模大小和持续时间长短有所不同。

根据项目目标决定组织的原理，项目管理班子内部的组织是在项目经理下面设置投资控制组、进度控制组、质量控制组、合同控制组、信息管理组、组织协调组等几个部门，并对每个部门的职责、权利和义务进行了明确的分工。

有的项目管理的内部组织，在上面介绍的模式中，项目经理的职位上面又增加了项目主任一层。还有的先设置项目委员会，再设置项目主任，然后是项目经理，最后每个项目经理下面又设置了子项目经理。

某卷烟厂一期工程项目包括联合工房制丝部分、动力中心、连廊、污水处理站、停车库、厂区道路和综合地沟等，于是该卷烟厂就设置了由工程管理顾问和咨询管理经理共同组成的领导部门，配有项目经理助理，下设设计管理部、工程管理顾问、工程管理培训。

在设计管理部下面又设了不同的工程师，由他们组成一个现场工作班子。在工程管理顾问下面设置了一些不同领域的专家和信息处理工程师。在工程管理培训下面设置了各方专家，由工程管理顾问和工程管理培训共同构成了公司总部和现场工作班子。

该卷烟厂的管理班子组织结构有以下特点：

1. 工程管理顾问和咨询项目经理由具有大型建设项目管理、设计和施工经验的人员组成，他们有很强的组织协调能力和沟通能力。

2. 设计管理部的人员是由规划和建筑工程师、结构工程师、建筑设备工程师组成的，具有很强的专业性。他们的工作重点是对该卷烟厂项目在土建和建筑设备设计中的技术问题进行管理。

3. 工程管理顾问是由组织、管理、经济、合同、技术专家组成的，对项目组织、管理工作流程、项目管理实施方案、工程发包和设备材料采购、合同管理等项目建设过程中的重大问题提供决策支持。

4. 工程管理培训是由组织专家、策划专家、项目管理专家、招投标和合同管理专家、项目管理软件应用专家和信息管理专家组成的。工程管理培训将根据项目管理的工程经验、该卷烟厂项目的特点、该项目进展的实际情况及业主方工程管理的重点和难点，设置个性化的培训专题。

每个项目都有自身的特点，所以其具体组织结构也不能一概而论，要根据实际情况进行有针对性的调整。

2.5 项目管理的组织工具

在工程项目管理过程中，一般可以采取一些措施进行过程控制，这些措施主要有：组织措施、管理措施、经济措施和技术措施。其中，组织措施是所有措施中最重要的。下面介绍一下组织措施的一些工具。

项目管理的组织工具是组织论的应用手段，包括系列图或表等形式，用来表示各种组织和管理关系。组织工具就是项目管理的工具。在国际上，有的用组织工具来衡量一个项目管理水平的高低，应该引起我们的注意。

常用的项目管理的组织工具有以下几种：

1. 项目分解结构图，见图 2-9：对一个项目的结构进行逐层分解，来反映该项目的所有组成部分，这样的图形中一个矩形框代表一个项目的组成部分。项目分解结构是项目管理工作的第一步，是有效进行项目管理的基础和前提。项目分解结构的好坏，将直接关系到项目管理组织结构的建立，关系到项目合同结构的建立，并会影响到项目的管理模式和承发包模式。

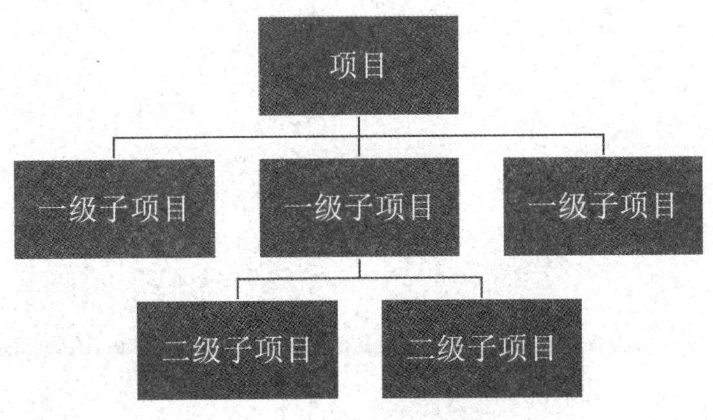

图 2-9　项目分解结构图

2. 项目管理组织结构图：反映了一个组织系统中各组成部门之间的组织关系。

3. 合同结构图：反映了一个建设项目参与单位之间的合同关系。

4. 信息流程图：反映了一个建设项目各参与单位之间的信息流转关系。

5. 工作任务分工表：明确各项工作任务由哪个部门负责，哪些部门或个人配合参与。

6. 管理职能分工表：用表的形式反映项目管理班子内部项目经理、各工作部门和各工作岗位对各项工作任务的项目管理职能分工。

7. 工作流程图：反映一个组织系统中各项工作之间的逻辑关系。

此外还有工作逻辑图、投资分解结构图、质量分解结构图、合同分解结构图、信息分解结构图、项目信息编码、项目组织方案、项目组织规划、项目组织手册等。在现实工作中，可以借助这些工具来处理一些项目上的问题，帮助减轻工作上的负担。

第 3 章　项目生命周期理论

3.1 项目生命周期概述

3.1.1 项目生命周期的定义

由于不同行业领域的项目因其工作内容、阶段划分和任务要求、成果目标的不同，所以对于“项目生命周期”的描述也是各式各样。

美国 PMI 认为，“项目生命周期就是由项目各个阶段按照一定顺序所构成的整体，项目生命周期有多少个阶段和各阶段的名称，取决于组织开展项目管理的需要”。

戚安邦教授在其主编的《项目评估学》《项目论证与评估》中对“项目生命周期”分别给出如下描述：项目从始到终的过程可以划分成一系列的阶段，这些项目阶段的时限、目标任务和里程碑等内容构成了一个项目的生命周期；项目全生命周期是指包括整个项目的建造、使用以及最终清理的全过程。

由此可见，关于项目生命周期的定义，目前业界虽没有一个统一的表述，但本质上大体是相同的。其所指的是一个项目按照自身的运行规律，从开始到结束的全过程。

项目生命周期的这个过程通常会被分成若干个阶段或子项，这些阶段或子项往往会按照一定的顺序排列。此时，每一个阶段或子项的完成都会引出下一个阶段或子项。然而，一些项目的阶段或子项有时又会相互交叉或重叠进行。无论如何，做好每一个阶段或子项，即是做好项目管理的关键。

3.1.2 项目生命周期的四个阶段

项目生命周期的各个阶段相互联系、相互依托。通常情况下，前面的阶段所作的决策与所得的阶段性结果会对后面阶段产生直接影响，而后面阶段往往又是前面阶段的目标。其按照国际通常分法，一般包括概念阶段、规划阶段、实施阶段和收尾阶段。

在现实中，各项目的共性与特性同在，就工程建设项目生命周期而言，一般可划分为四个阶段（见图 3-1），即项目开始（立项与决策阶段）、设计与计划、实施与控制以及项目终结（竣工与交付使用阶段）。其中每一个阶段还可根据项目需要进一步细分。

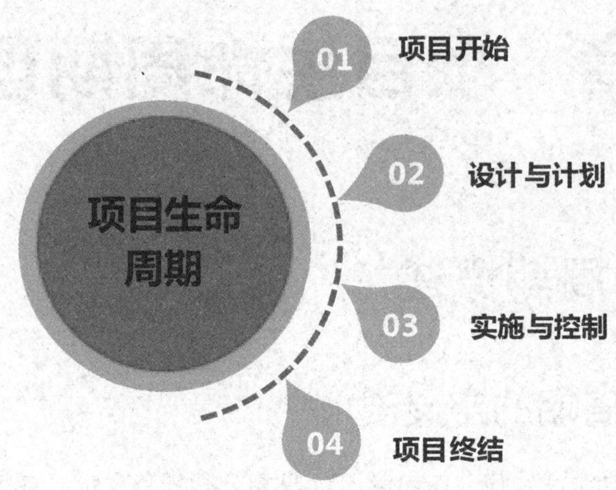

图 3-1　项目生命周期的四个阶段

1. 项目开始（立项与决策阶段）

这个阶段的主要内容是对项目的立项进行论证和决策。

首先，需要提出项目建议书，此部分工作重心在于阐明该项目的理念或方向，明晰项目目标。

其次，根据获批的项目建议书进行项目可行性分析研究，并对其进行评审认定。

再次，依据批准的项目建议书和可行性分析研究批准立项，再深入地开展项目必要性和可行性的详细分析研究和论证，制定项目可行性研究报告并通过相关部门的审批，最终作出项目立项与决策。

一个项目的开始不是心血来潮地有了某个念头就可以，它必须经过详细的探讨与研究，只有确定其可行性才有立项的可能与价值。现实的教训是有些项目从一开始就注定了失败的命运。因而，项目开始阶段对于整个项目而言，往往起着决定“生死”的作用。

2. 项目设计与计划阶段

这个阶段主要内容是依据项目的可行性研究报告、政府批文和各种设计条件、项目任务书等，开展项目的方案设计、项目估算、初步设计、项目概算、技术设计、施工图设计、项目预算和各级评审及验证工作等，并编制项目的集成和专项计划，最后是项目的发包、招投标和合同签订。

在此阶段，关于项目的进程已经由书面建议开始向现实操作转化。同时，现实方面的各种矛盾也开始凸显，而且项目的设计与计划阶段如若规划不好，将会给项目的执行带来不利的影响。这就要求项目的设计与计划需从整体目标出发，使有关人、财、物及一切软硬件的准备工作得到最优配置。

3. 项目实施与控制阶段

这个阶段主要内容是执行并实质性完成已有明确规划的项目。具体根据项目计划和要求展开项目实施工作，同时在项目实施工作中组织、协调和指挥各参与方的工作。相关单位、组织根据项目的控制标准与验收指标，定期对项目的可交付成果进行验收，以及不定期地对项目质量进行检测、安全检查与纠偏。

此阶段为项目发展成熟阶段，从项目实施初始阶段的成熟到接近项目完成时的成熟。其重点工作是持续保持项目的动力、时刻关注并协调各方面工作的发展变化、及时有效沟通并对可交付成果进行必要的评估。

4. 项目终结（竣工与交付使用阶段）

这个阶段主要内容是组织项目团队对完工项目的质量和技术标准进行自我检查，在对检查出来的问题进行整改之后，组织相关单位和各个部门对项目进行竣工验收。接下来，对涉及项目的各项合同进行验收、结算和终结，对竣工的项目进行交付使用手续办理，对项目的全部资料整理完善后，完成对甲方移交手续工作。同时，还要对项目存在的问题做整改和善后工作。

3.2 项目生命周期的类型和特征

3.2.1 项目生命周期的基本类型

一般来讲，项目生命周期可分为预测型、迭代和增量型、适应型以及混合型四种，见图 3-2。

图 3-2　项目生命周期的基本类型

1. 预测型生命周期

预测型生命周期又称为完全计划型生命周期，其常用实例是大家平日所说的瀑布模型。预测型生命周期主要是团队在早期根据收集的需求对项目的范围、时间、成本等核心问题进行事先规划，并对以后需要展开的工作尽可能地预测，进而制订出更为详细系统的计划。之后在整体计划的基础上，按部就班地实施之后的阶段，直到最终完成验收、测试。

预测型生命周期的特点是项目的范围、时间以及成本等相当明确，由此制订出的计划清晰稳定且容易达成共识，所以在执行阶段一般不会有实质性的变更。项目经过一系列顺序或交叠的阶段，其中各个阶段在本质上有明显差别，因此对应阶段的团队技能也存在差异。

预测型生命周期适用于项目成熟、风险较低、规模较大、可交付成果清晰明确或者作为整批一次性交付并能发挥作用的项目产品，如建筑工程项目。

2. 迭代与增量型生命周期

迭代与增量型生命周期是指通过一系列循环的活动，来渐进地增加产品质量或功能的方式来开发产品，属于多次交付类型。迭代是通过有目的地重复一个或多个活动来开发产品，增量是通过渐进来增加产品功能。二者有一定区别，却经常被用于同一项目的开发中，因为它们都是从项目需求的多次、分期交付的角度进行设计，且相辅相成。

迭代式生命周期通过收集需求创建部分原型，并据此解决相关的预测问题。由于在构架原型时，项目的需求处于不断变化（或逐渐明细）的目标与范围，无法对未来作出准确的预测，所以要通过迭代来逐步完善产品。

每次迭代结束都会完成一个能够满足需求的可交付成果，之后在下一个迭代期根据需求的变化与反馈的信息对产品原型进行完善，直至最终产品的生成。其每次可交付成果的区别体现在数量不变而质量不同上，这是一个从整体模糊到清晰的过程。

增量型生命周期适用于需求较为明确并要快速向需求方提供部分产品功能的项目。其每次可交付成果的区别体现在质量相同而数量渐增上。

一般来讲，迭代与增量型生命周期适用于大型复杂，目标和范围不断变化，产品需要多次进行修改、补充与完善的项目，比如新产品研发项目。

3. 适应型生命周期

适应型生命周期也被称为敏捷型生命周期，它所指的是在需求的范围并不十分明确且不断变化的前提下，通过若干短小的迭代来逐渐完善项目产品，直至产出最终产品。

适应型生命周期的特点是，在项目的需求范围不确定时，通过响应变化，在每个迭代期都设计并生产可验证的交付物，并在下一个迭代期根据反馈与新的需求来进一步完善产品。这里的迭代时限比迭代与增量型生命周期的迭代时限更短、增量更少。

适应型生命周期一般会进行多次“设计—编码—评审—调试”这样的循环，所以它适用于初始需求十分不明确或极易发生变化的项目，如侧重用户体验与感受的软件开发项目。

4. 混合型生命周期

混合型生命周期是 PMBOK 第六版新增加的类型，它是预测型生命周期与适应型生命周期的组合。

项目生命周期是组织项目的理想化方式，而一个项目究竟适用于何种生命周期类型需要综合各种情况来定。有时即便在最初选择了某种项目生命周期类型，也并不意味着要从始至终地将其执行下去，而是需要根据当时项目的风险情况，适当整合或借鉴其他项目生命周期的管理方式，通过组合来更好地完成项目。

3.2.2 项目生命周期的特征

1. 在项目开始时，投入的成本与人力较低，随着项目的不断推进，到项目的执行、控制阶段，人、财、物的投入迅速增加，达到最高峰，然后在项目的收尾阶段再逐渐降低，直至项目终止时归零。

2. 在项目开始时，成功完成项目的可能性是最低的，而项目的风险和不确定性最高。随着项目的不断推进，不确定性因素与风险逐渐减少，成功完成项目的概率也随之提高。

3. 在项目开始时，项目相关人员对项目最后成本和项目产品最终特性的影响力最强，随着项目进展，这种影响通常会逐渐减弱。

4. 随着项目的推进，项目变更和错误纠正的成本一般会不断地增加。而且，纠错越晚，修正成本越呈几何数增长。所以阶段划分总结回顾和可交付成果的验证十分重要，如此可以减少纠错的花费。

5. 一般情况下，项目生命周期是产品生命周期的一部分。

3.3 项目生命周期的时间管理利器

项目生命周期的时间管理利器指的是：检查点、里程碑和基线。它们主要是从时间上确保对项目的控制，换一种说法就是它们在何时对项目进行何种控制。

1. 检查点

检查点是指在规定的时间间隔内，对项目进行检查，比较实际与计划之间的差异，并根据差异进行调整。

检查点可以被看作是一个固定“采样”的时间点，一般是比较均等地分布在项目的整个生命周期上。由于项目周期长短的不同，所以每个项目的检查点的时间间隔也不相同。另外，时间间隔频度过小会使检查点失去意义，频度过大则会增加管理成本。常见的间隔为每周一次。

2. 里程碑

为了更好地控制项目产品的质量，在给项目划分阶段的同时还应设立里程碑。里程碑是关键的时间检查点，其在项目的不同阶段具有不同的作用，比如在编制进度之前设置的里程碑是编制计划的依据。里程碑还通常标志着项目上一阶段工作完成以及下一阶段的开始。这样可以明确每个阶段任务的起止点，从而判定项目是否沿着正确的路线前进以及是否完成了各阶段的预定工作。

里程碑与检查点的主要区别在于它的设定不仅仅是根据时间来均等分布，而是以某项关键成果的完成为设定标志。例如建筑工程里程碑有：奠基、三通一平、桩基施工完成、地基与基础部分完成、主体结构完成、封顶、交房等。

里程碑在项目管理中具有重要意义，它可以对前一阶段工作进行总结和评价，对项目计划进行必要的修订，这是完成阶段性工作的标志。对于一些复杂的项目，需要逐步逼近目标，而里程碑正是每一步逼近的结果，也是控制的对象。如果没有里程碑，想要从整体把握项目的进行情况是很困难的。

里程碑还可以降低项目风险。通过早期评审可以及时发现需求和设计中的问题，降低后期修正或返工的可能性。同时，它还可以根据每个阶段的产出结果分阶段确认收入，大大降低血本无归的可能。里程碑强制规定了关键时间节点，避免了一般人在工作时“前松后紧”的习惯，从而科学合理地分配工作时间与内容，使管理更加明确、细化。

3. 基线

基线是指一个（或一组）配置项在项目生命周期的不同时间点上，通过正式评审而进入正式受控的一种状态。基线其实是一些重要的里程碑，但相关交付物要通过正式评审并作为后续工作的基准和出发点。基线一旦建立后，变化需要受控制。

通过以上描述可见，检查点划分得比较细，里程碑相对较粗，基线则最粗。里程碑就是关键的检查点，而基线就是重要的里程碑。

实操篇：

项目管理全流程分析

第 4 章　项目管理的启动与规划

4.1 项目启动与管理者工作

俗话说“万事开头难”，一个项目的启动，意味着项目即将开始的过程。对于工程项目来说，这个过程短则数月，长则数年。因此，项目启动是开展一项工程的重要环节，也是工程开始运作的第一步。

4.1.1 项目启动

工程项目能否成功运作，很大程度上依赖于该项目的萌芽阶段。大家都想有个良好的开端，可这个开端却取决于很多重要的因素。比如国家的政策法规、地方的商业环境、项目的组织运营，以及环境、市场与人际关系的影响等。

也就是说，工程项目的启动，始于某个触发条件，比如招标、命令和商业机会等。当一个项目拥有以下两个标志，就意味着它要正式启动了。

任命项目经理，构建项目管理团队；下达项目许可证书。

项目经理是一个举足轻重的岗位，对于该岗位人员的选择，是组建管理团队的核心，也是启动项目的关键环节。因为一个项目若想顺利实施，就必须有一个优秀的项目管理团队，而一个优秀的项目管理团队，也必须以一位各方面素质都极高的管理人员为核心。项目经理的职能，就是领导这个项目的成员们，在处理好人际关系的同时，对项目的商业需求和未来情况进行把握，设计可行的项目计划，并随时准备好后备计划。

下达项目许可证书，就意味着该项目得到了国家的许可，可以正式投入实施。项目启动最主要的目的，就是为了获得国家和地方对项目的授权，因此，在工程项目的许可阶段，项目启动过程还需要包括以下参数：

制订项目的目标；项目的合理性说明，也就是具体解释开展本项目的原因，以及本项目是为了解决何种问题，或满足何种需求的最佳方案；确定高层管理者在项目中的角色和义务；预计项目的持续时间及所需要的资源；项目范围的初步说明；确定项目的可交付成果。

项目启动是项目运行的第一阶段，也是实施项目计划的重要前提。综上所述，项目启动主要是为了解决四个基本问题：项目的总目标；项目的具体目标；项目将会收获哪些成果；项目需要哪些条件。

只有弄清这些问题，才能让项目的计划顺利实施，才能为项目的成功启动打下基础。

4.1.2 管理者工作

项目管理者是在项目启动环节必须确定的角色。其在项目启动和项目计划阶段，需要对以下五项工作负责：项目总体描述，项目目标的确定，项目工作分解，项目的资源需求分析，项目管理研讨。项目管理全过程具体见图 4-1。

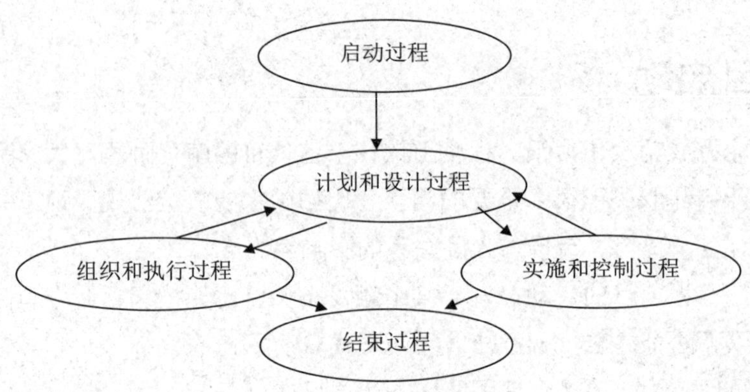

图 4-1　项目管理全过程

1. 项目总体描述

项目的总目标，是项目选定第一步需要确定的事情。项目的总目标即管理者对项目的整体描述，它需要包括以下因素：活动表现，即项目的措施和结果；时间，即项目完成的期限；项目成本估算及备选方案。

在对工程项目进行描述时，要求该项目的领导小组对工程项目进行认真的调查与分析，以便在描述表达方式上，注意项目所需要的时间与成本。

2. 项目目标的确定

在项目总目标确定后，就需要确定项目的各个目标。通过总目标，管理者可以将项目细化成子目标，进一步服务于总目标。

为此，项目管理者可以在项目计划预想阶段，考虑该工程将来会面对的风险和问题，并从资金、管理、技术、市场、组织等方面，仔细设立项目的各个子目标。

除了人力资源、资金、时间等限制因素外，在考虑工程项目所面对的风险和困难时，还有其他限制因素需要考虑。比如，国家的政策和法律法规，对工程项目有无限制性影响；市场环境和经济环境，是否为工程增加风险和成本；工程是否符合当地环境保护的相关规定；管理者需要承担的责任和义务，以及资金与财务有无掣肘等。

除了这些方面，人力资源也是设置项目目标时需要重点考虑的因素。如果遇到合格人员不足、组织干预过多、人员流动量过大等因素，管理人员就需要弄清项目的目标设置是否合理，每个子目标是否对总目标产生不良影响等。

在确定项目目标的同时，管理者也要对目标的检验指标问题进行检验。一个良好的项目目标，能够让项目工程计划得以顺利实施，还能让项目组织的管理人员统一思想，在工程项目方面达成共识。在进行项目选定过程中，管理人员可以经常召开会议，采用集思广益的方法对项目目标进行研讨，这是工程项目能够成功的必要条件。

3. 项目工作分解

项目总目标的实现，是以各个子目标的实现为完成前提的，这些子目标就是项目管理的成果。同样，这些成果在取得过程中所需要的活动，就被称作分解项目工作的措施。对工程项目的任务进行分解和细化，能让项目管理者确定各个部分所需要的资源情况，还能完成责任分工制度，有助于工程项目的实施和完成。将活动划分到可以详细制订出工作计划的程度，就能让日后的项目计划完成得更加顺利，也能逐步实现项目的总目标。

工作分解结构的分解步骤：

列出完成总目标所需要的子目标成果及活动；列出完成子目标活动所需要的措施；将所需计划列出提纲或画出图表，以此来表明各项子目标是相对独立的，但与总目标之间也有不可分割的联系。

4. 资源需求分析

项目资源的需求分析，就是管理者根据工作分解中各个子目标的要求，将工程项目所需的确定资源类型、数量与成本进行整合与分析，从而为工程项目的计划、实施及责任分配提供依据。可以说，资源需求分析关系是工程项目能否成功的重要工作。

工程项目的管理人员需要对每项活动都加以考虑，比如项目所需要的人力资源、设备设施、仪器物质、供应采购及其他特殊需要的成本要求等。

5. 项目管理研讨

项目管理的研讨，是管理者用来辅助项目管理的一种工具。研讨通常以会议的形式展开，它能够强调对工程项目问题的集体讨论，也能集思广益，增强成员之间的合作力与凝聚力。因此，项目管理研讨可以用来制订计划、调整目标、辅助管理。项目管理研讨的具体步骤为：准确收集数据；完善数据；检测和处理数据；进行决策。

在项目的选定过程中，项目管理研讨还会参与到如下决策的制定中：增减工程项目的子目标，修改项目成果，修订工作的分解结构，增减项目资源需求量等。

4.2 项目管理团队构建

团队到底有多重要？这个问题已经不必再讨论了。因为一个团队建设得好坏，往往象征着企业是否拥有长足发展的实力，也象征着这个企业的凝聚力与战斗力。

项目管理团队的构建，就是为了对该项目各个阶段的工作进行组织和执行。通常情况下，人们都是在项目发起之后，才会建立项目管理团队。但大部分成员都会在项目选定阶段，就已经介入项目中来。

作为项目的管理者，主要是负责项目管理中的日常事务性工作，并且对项目团队的成员进行了解。管理者与团队成员保持良好关系，就可以为接下来的工作展开打下良好的基础。

一个高效的工程项目管理团队，是保证工程项目得以完成的重要前提和保证。它包括能够独立运作的环境要素、资源要素、技术要素、沟通要素等。某工程公司的管理机构如图 4-2 所示。

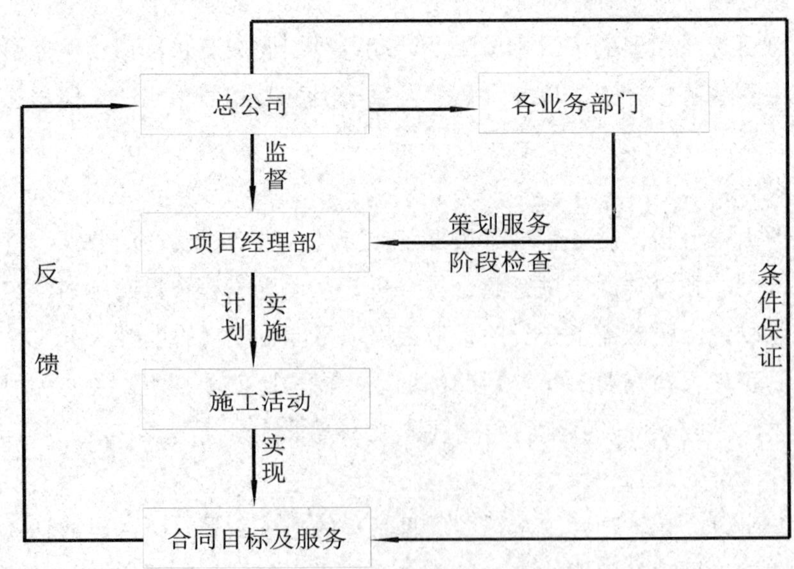

图 4-2　某工程公司管理机构

有些人可能认为，我这个项目的参与人员不多，没必要单独建立履行管理职能的团队。或者认为，我身为项目的负责人，精力有限，不能很好地履行管理职能。这些想法都是片面的，构建一个项目管理的团队非常有必要，拥有良好的团队，才能对项目的完成起到助益作用。项目管理者必须是团队的核心，这一点是毋庸置疑的，只有核心的项目管理者，才能将团队号召起来，共同完成一个项目。

对于一个工程项目来说，团队构建的重要性是不言而喻的。首先，如果想很好地完成一个项目，想在激烈的竞争环境中得以生存，那就必须以团队的形式，共同应对接下来的任务和挑战，采用团队的工作形式，才能更好地应对外部竞争环境以及内部人员的重组。

其次，团队建设可以为成员提供更大的活动空间，能最大程度地满足团队成员工作的积极性和创造性，增强成员的集体荣誉感，这样才能更努力地工作。

再次，构建项目管理团队，有利于增强完成项目的凝聚力，项目管理团队也能引导人们相互理解、相互帮助，共同克服工作中遇到的问题。

最后，项目管理团队还能帮助成员发挥优势，挖掘成员们的技术能力、公关能力、决策能力等，从而使成员为项目的完成发挥最大价值。某工程公司项目部门团队构建如图 4-3 所示。

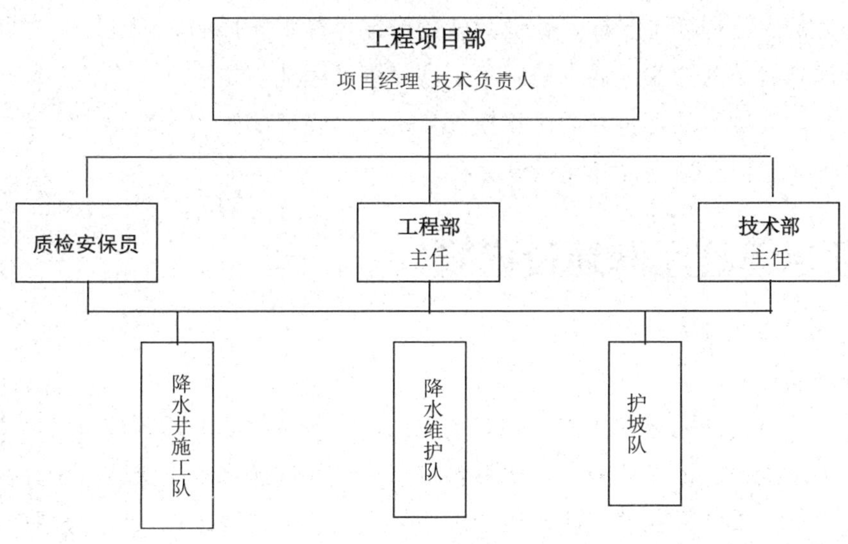

图 4-3　某公司工程项目部门团队构建

4.2.1 项目管理团队的特征

构建项目管理团队，是加强项目管理的有效措施，也是提高项目管理水平、增强员工凝聚力和向心力的重要措施。那么，项目管理团队的特征有哪些呢？

1. 很强的目的性

项目管理团队，是为了完成特定的项目而专门构建的管理组织。项目管理团队的使命也很明确，就是为了完成特定的项目，实现既定的目标，在同一目标的带领下，将成员班子组建起来，提高任务完成的质量。

2. 一次性的临时组织

项目管理团队并非是永久性的，而是一次性的。决定项目管理团队一次性的，是项目的一次性。项目管理团队因开展项目而建立，当项目完成时就会解散。

3. 合理的系统结构

项目管理团队需要由拥有各种技能的成员构成，比如项目经理、技术管理成员等。管理团队需要明确每一名成员的权力和责任范围，这样才能避免项目团队的混乱。项目管理团队的人员能在极大程度上影响项目的成败。

4. 强调团队精神与合作

项目管理团队是一次性的，因此，其团队作业也是特殊的。管理者们需要彼此协调，尤其要强调团队协作的精神，这样才能在短时间内尽快磨合，不影响项目任务的质量。

5. 渐进性与灵活性

不同项目的生命周期不一样，管理团队的构建也是不一样的。因此，管理团队的构建需要根据具体项目不断变化。通常情况下，项目管理团队需要设立一个核心班子，班子成员人数较少。随着项目的逐步开展，规模逐步扩大，管理团队的人数也相应增加。因此，构建项目管理团队需要渐进性和灵活性并存。

4.2.2 项目管理团队建设措施

项目管理团队建设需要哪些方法呢？

1. 加强沟通

沟通是让项目管理团队完成任务的有效方式。沟通对团队的重要性不必多说，管理者们只有通过上下沟通，才能让成员们明白各自想法，最终达成一个最佳方案。沟通的方法有很多，最直接、最常见的方式就是谈话沟通。在构建项目管理团队时，选择沟通能力强的成员是非常必要的，这样才能有利于提高项目组的工作效率。

2. 协调和组织

项目管理团队应当根据任务的完成需要，根据成员的不同技能，安排其在相应的工作岗位，这样才能充分发挥每一位成员的优势。建筑项目管理团队的组织性和协调性更是如此。因建筑类项目管理团队技术性要求较高，因此，良好地组织和协调成员，才能让项目的完成度更高。

3. 激励

如何做好激励措施，是项目管理团队必须精通的事情。激励是提高团队凝聚力的有效途径，物质奖励是项目管理团队中不可缺少的环节，适当的愿景奖励也是帮助项目完成的重点。这些奖励能够激发成员完成项目的积极性，但要注意，激励措施是要采用适当方法的。如果盲目奖励，导致项目管理团队中又出现“小团队”，就会造成成员间不必要的猜忌，继而影响团队的协作精神，影响项目完成的进度和质量。

项目管理团队是由拥有各种专业技能的成员组成的，其建设也应当满足项目的完成目标。因此，项目管理团队建设的成功与否，会直接关系到项目完成的质量。只有打造一个成功的项目管理团队，才能加强团队的向心力和凝聚力，使项目按时保质地完成。

4.2.3 项目管理团队构建案例

某设计院基础公司为了更好地完成工程项目，特意按照原有的专业部门，将工程项目团队划分为“工程地质勘察项目部”“岩土工程项目部”及“工程基础检测项目部”三个项目部门。对于各个对口专业技术人员，公司决定将他们分别划入各自相应的部门。

部门划分完毕后，选择项目经理就成了当务之急。按照公司管理层的考虑，项目经理还要具备领导和管理决策能力，项目计划和分析能力，项目的组织和协调能力，项目的控制和预测评价能力，项目利益的协调和促进能力，项目的沟通、激励、交际和协调能力，敢于担当责任和开拓创新的精神，工作积极努力、扎实肯干的作风，强烈的使命感和充分的自信心。

经过一番筛选，公司发现张方（化名）具备以上条件，可以承揽项目，担当项目经理。被选为项目经理后，为了更好地构建团队，张方没有改变部门负责人的人选，而是决定年底根据设计院的绩效考核和公司民主测评的情况进行任免。公司及其各部门承揽的项目，都由基础公司经理会同部门负责人，按项目经理的条件选定，并由选定的项目经理组建项目团队，按照设计院制定的项目管理机制管理和经营项目。

公司负责各业务部门的项目经理思虑再三后，定出了这样的选择条件：

必须是本院基础公司工程技术人员；

具备工程师以上职称和年龄 55 岁以下；

有从事相关专业工作十年以上的工作和管理经历；

有过硬的专业技能和组织管理项目的经验，有岩土注册工程师资质的技术人员优先录用。

发布完成员择选要求后，张方找到公司曾经负责类似项目的王刚（化名）汲取经验。王刚说：“项目团队的组建其实有自己的特殊性，因为项目团队是随项目产生而产生、结束而结束的，是一个临时组建的机构，项目团队由项目经理负责组建，由其成员通过共同工作和相互协作，以完成工程项目要求的既定目标。”

张方点点头：“那工程项目团队有什么组建原则吗？”

“工程项目的组建原则，一般由项目经理根据项目的规模、条件、工期、技术等因素的要求，依自主和相互愿意的原则，相互选择项目团队人员和项目经理，”王刚说，“比如这个项目，你就是项目经理，也是项目的管理核心。你需要将项目团队成员报公司经理批准和备案，并且让项目团队的成员做到积极参与项目管理和技术设计工作，要相互信任、依赖和协作，共同完成项目成果目标，项目团队成员之间还要自我激励、平等互助、服从管理和以积极主动的态度服务业主方。对了，你的团队成员选择有困难吗？”

张方摇了摇头：“我查了一下，咱们院基础公司现在有国家岩土注册工程师 5 人，一级建造师 4 人，二级建造师 6 人，造价工程师 3 人，一级注册结构工程师 3 人，高级工程师 5 人，工程师 6 人，助理工程师 9 人，财务人员 3 人，4 人有项目经理资质证书，院基础公司共有 30 多名正式职工，临时雇佣的劳务人员有 20 多人，完全能够满足三个工程项目部项目管理和技术的人员配置要求。”

王刚笑了笑：“不错，你准备工作做得很充分。之前，咱们院基础公司的三个项目部各自的人员、设备、信息和技术等资源都很难协调、整合运用，基本上是各自为战的状态，造成了很大的资源浪费，项目管理机制的运行，可以合理地调配和协调基础公司乃至院的所有资源，做到合理配置院资源，达到科学、高效、有序和集成的管理项目。你在构建项目团队时，一定要让各个成员注意配合，这样才能顺利完成工程项目。”

“是啊！”张方也感慨道，“现在，建筑市场竞争越来越激烈，甲方和客户对项目的设计、技术、管理和服务的需求，也达到了精细化和创新性的程度，以往项目承包模式下的粗放性管理经营，倍受甲方诟病，满意度低，也因此丢失了部分项目和市场，对于需求更加精细化和创新性的市场和甲方，项目管理机制呼之欲出，顺应时势，为了基础公司的发展和未来，项目管理机制是唯一可走的发展道路。因此，我也特别重视这次的项目管理团队构建。”

王刚安慰道：“咱们基础公司以承包模式管理和经营项目已经快 15 年了，在目前的市场形式下，已经严重制约了基础公司的发展，从院到公司及其每个成员都有强烈的改变经营和管理现状的期望，期望以更合理的项目管理机制和激励手段运作项目。此时项目管理机制的启动和规划，倍受基础公司广大员工的期望和拥护，推行项目管理机制成为基础公司员工众望所归的工作，能够正逢其时顺利开展和运行，可以顺势而为。”

从王刚处吸取经验后，张方对项目管理团队的构建也有了一个初步的规划。项目管理团队的构建，就是为了对该项目各个阶段的工作进行组织和执行。因此，项目管理团队构建的好坏，能够直接关系到项目是否能够按期完成。

看着手中的项目管理团队构建名单，张方对这次的工程项目充满了信心。

4.3 项目管理目标的确立

4.3.1 项目管理目标要求

工程项目管理就是工程项目目标的控制，工程项目管理目标的确定是组建一个健康的、高效的施工项目部的前提。那么，项目管理者们应当如何确立项目的管理目标，对项目的管理目标又有什么要求呢？下面我们来具体解读一下。表 4-1 为项目目标说明书模板。

表 4-1　项目目标说明书模板

<table>
<tr><td colspan="5">项目目标说明书</td><td>日期：</td></tr>
<tr><td colspan="5">标题：</td><td>项目编号：</td></tr>
<tr><td colspan="3">发起人：</td><td colspan="2">项目经理：</td><td>客户：</td></tr>
<tr><td>姓名：</td><td>部门：</td><td></td><td colspan="2">项目角色：</td><td>电话号码：</td></tr>
<tr><td colspan="3">拟定开始日期：</td><td colspan="3">要求完成日期：</td></tr>
<tr><td colspan="6">总体目标说明书：</td></tr>
<tr><td colspan="3">交付成果：</td><td colspan="3">预计日期：</td></tr>
<tr><td colspan="3"></td><td colspan="3"></td></tr>
<tr><td colspan="3"></td><td colspan="3"></td></tr>
<tr><td colspan="3"></td><td colspan="3"></td></tr>
<tr><td colspan="3">效益：</td><td colspan="3">预计日期：</td></tr>
<tr><td colspan="3"></td><td></td><td></td><td></td></tr>
<tr><td colspan="3"></td><td colspan="3"></td></tr>
<tr><td colspan="3"></td><td colspan="3"></td></tr>
<tr><td colspan="3"></td><td colspan="3"></td></tr>
<tr><td colspan="3">需要的资源技能：</td><td colspan="3">是否与其他项目存在联系：</td></tr>
<tr><td colspan="3">预测成本：</td><td colspan="3">是否有风险日志：</td></tr>
<tr><td colspan="2">批准：</td><td>日期：</td><td colspan="2">准备人：</td><td>日期：</td></tr>
<tr><td colspan="2">发起人：</td><td></td><td>分发：</td><td></td><td></td></tr>
<tr><td>项目经理：</td><td></td><td></td><td></td><td></td><td></td></tr>
</table>

1. 明确项目管理机构的人员及定位

构建一个优质高效的工程项目管理机构，其目的就是更好地服务于项目管理，提高整体工程效率。因此，在组建成员时，要重点考察管理成员的思想政治素质是否良好，能否做到知人善任、团结友爱、用人之长避人之短。

管理机构的人员需要有极强的管理能力，也要有突出的敬业精神，敢于主动承担责任，有极高的个人魅力，这样才能与项目部门共同解决工程问题。作为管理班子的一员，还必须亲自去工程现场考察，与一线工人多接触，聆听工人的建议，做好工程项目工作。

2. 人力资源管理目标定位

不管是在工程项目还是其他项目中，人力资源管理都是一项重要环节，也是一个复杂和动态的管理方式。据调查显示，一个项目有30%的时间用在做技术上，剩下的70%是在做“人的工作”。也就是说，不管是工程项目管理，还是其他项目管理，人力资源都是重点和核心部分。我们在做项目时，人力资源管理是不可小觑的。

参加施工工程的劳动人员，必须通过工程项目管理团队的考核和筛选。只有素质高、技术熟练的工作人员，才能成为工程项目的一员。在选拔人员后，管理者还要负责对施工人员进行技术、质量、任务和安全等方面的教育，尤其是一些重要工种和特殊工艺，都需要对人员进行专门的培训，保证工程项目顺利实施。

3. 工程质量目标的定位

在执行项目管理时，质量管理是重中之重。只有保证体系，明确人员，将质量责任落实到每个人员身上，才能实现项目的质量目标。通常情况下，工程项目的质量目标为：工程验收一次通过率等于100%；顾客满意率不小于98%。

进行工程施工时，管理者必须按照设计图纸、合同约定和施工技术标准严格进行施工，在项目执行中不能擅自修改工程设计，更不能偷工减料、糊弄了事。

项目管理团队必须按照工程设计要求和施工技术标准，严格检查项目中使用的物品质量，如原材料、设备、砂浆等的质量。

在项目工程进行过程中，项目管理人员必须建立起健全的工程质量检验制度，做到严格管理工序，做好工程质检的记录，详细真实地填写单元工程质量评定表，做好工程质量控制才能确保项目完成质量。

在竣工时，项目管理者要对工程是否符合国家的现行行规、规范及文件要求进行认真考察，及时向项目法人提交工程报告、技术档案、实验结果等相关资料。

4. 安全管理目标的定位

项目管理者需要在安全方面设置高标准的目标，具体目标如下：加大安全管理力度，制订目标实现的保证措施，把安全生产的目标一级级细化，落实到个人，杜绝出现重大伤亡事故。一般来说，工程项目的年负伤率不能超过2%，安全达标率需要100%，工程优良率为85%，在项目管理的责任期内，工程发生的经济损失不得超过5000元。

这样的安全管理目标，就要求班组要设立更加细化的安全目标：杜绝任何形式的重大伤亡事故，年负伤率不得超过1%。每天坚持开小组会议，并且做好工地、器械、用具、材料的检查工作。

安全管理目标细化到个人，就是要杜绝一切违反章程的作业，人人做到文明施工，正确使用安全防护用品，遵守章程纪律，发现隐患要及时上报。

5. 工程项目进度目标的定位

严格按照项目管理机构与企业签订的工程合同和工程计划进行施工，保证能够按时完成施工任务。工程项目管理机构在承包项目之后，就要制订严密详细的工程计划，充分考虑施工过程中可能出现的问题，最终达到总工期目标的要求。

6. 文明施工目标的定位

文明施工，就是指工程的安全设施齐全，符合安全化、文明化工地的标准要求。工程项目管理人员要将工程用地创建成省、市安全标化工地，做到现场内部整洁，外部道路通畅，不留污染物，不造污染源，物料堆放有序。

对施工者的目标要求同样是文明施工的一部分。文明施工要求施工人员仪表整洁，讲文明，树正气，如此才能高效率、高标准地运行项目管理机构指定的安全健康管理体系。

7. 环境保护目标的定位

环境保护的目标定位，就是不妨碍工程用地外部的道路、街道的交通秩序，并做到工地外貌整洁，施工标语得当，符合文明施工的良好工程形象。工程项目进行期间，任何工业废水废料都不得私自排放，需经过处理后，统一排入市环保管道。同时，工程项目管理者要重点预防蚊虫、苍蝇、老鼠等有害生物的滋生，及时清理生活垃圾，将垃圾和废弃物运输到市环保所允许堆放的地点。同时注意施工的时段和工程噪声必须符合环保部门要求，不能打扰到周边单位、居民的日常出行和休息。

4.3.2 项目管理目标原则

总而言之，项目管理目标的确立和制订，都要遵循以下原则：

1. 将工程项目的质量目标作为根本

建筑工程是人们正常生活、国家经济发展和社会和谐稳定的重要基础，由于其特殊性和广泛性，对社会具有极其深远的影响和意义。如果工程质量出现问题，就会对财产安全和生命安全造成威胁，其后果是无法估计的。因此，任何工程管理的目标之重，都是工程项目的质量问题，项目管理人员要坚决禁止任何人逾越质量大关的鸿沟。

2. 把管理人作为项目管理目标的核心

人是企业发展的核心，也是工程施工的核心。人力资源是工程项目中最宝贵的资源，工程企业必须对员工予以尊重和鼓励，提高其综合素质，保证企业健康快速地发展。

3. 将预防工作作为项目管理目标的重点

防患于未然是各个项目的重点，尤其是建筑工程项目的重点目标。由于建筑工程具有周期长、环节多、涉及面广泛等特点，其监督检查工作就自然成了项目管理者的重点目标。在工程中，要牢记“预防为主，防治结合”的方针，保证各个环节都能有条不紊地进行，坚决杜绝安全事故的发生。

4.4 项目计划的设计

项目计划就是根据工程项目在未来的决策，而提前进行的设计和策划。其项目管理执行机构的具体计划，包括实施方案、项目目标、实施程序、项目预算和工程标准等方面。

在具体的工程项目中，项目计划就相当于预先确定的行动纲领。为了消除或减少工程实施中的不确定性因素，改善工程项目的经营效率，也为了更好地理解项目目标和建立监控，设计项目计划是必不可少的工程准备，它能更好地保证工程有条不紊地进行。

在工程项目实施中，其成败的关键就在于项目经理。因此，在设计项目计划时，项目经理必须指导项目设计的全过程，并参与从研究到实施的全部决策。

4.4.1 项目计划的设计原则

作为项目管理的重要阶段，项目计划的设计在整个工程中起承上启下的作用。因此，在设计工程计划的时候，一定要按照工程项目总目标、总计划来详细策划。计划文件一经批准，就会成为日后工程的工作指南，为此，在项目计划的策划过程中，一定要遵循以下六点原则：

1. 目的性。任何项目都包含一个或几个目标，这些目标会帮助整个项目实现特定的功能和任务。因此，项目计划的制订也要有目的性。任何项目计划的制订，都会围绕项目总目标的实现而展开，也都会按照具体的小目标分步骤完成任务。所以，在制订项目计划时，先要分析目标，弄清任务，让项目计划的制订具有目的性。

2. 系统性。项目计划本身是一个整体，也是一个系统。在大系统中，又会分为很多子计划。子计划是独立的，同时也是为大系统服务的，在项目计划制订时，要注意不能将子计划孤立，要让每个子计划都和大系统紧密相关，使项目计划成为一个有机协调的整体。

3. 经济性。项目计划的制订，主要是为了让项目有较高的效率，并且能收获效益。因此，在项目计划的制订过程中，必须要提出多种方案，然后进行优化分析比较。

4. 动态性。这条原则是由工程项目的生命周期决定的。一个工程项目，其生命周期短则数月，长则数年。在这段时期内，项目的环境是变化的，如果没有一个灵活的项目计划，就会让工程项目的日常实施偏离计划准则。因此，项目计划需要随条件和时间的不同，不停地加以补充和修改，以此来保证工程项目的顺利实施。

5. 相关性。前面已经提到了，项目计划是一个系统的整体，任何构成项目计划的子计划的变化，都会导致其他子计划的执行受到影响，从而使项目计划的总目标难以正常实施。因此，在制订项目计划时，要充分考虑各子计划之间的相关性。

6. 职能性。项目计划的设计和实行，并不是以某个部门内部设置的规章为依据，也不是以管理者自身的利益为出发点。项目计划的制订，必须要有针对性，要以该项目工程的总体职能为出发点，才能保证工程更好地完成。

4.4.2 项目计划的设计种类

图 4-4 为项目计划的过程。

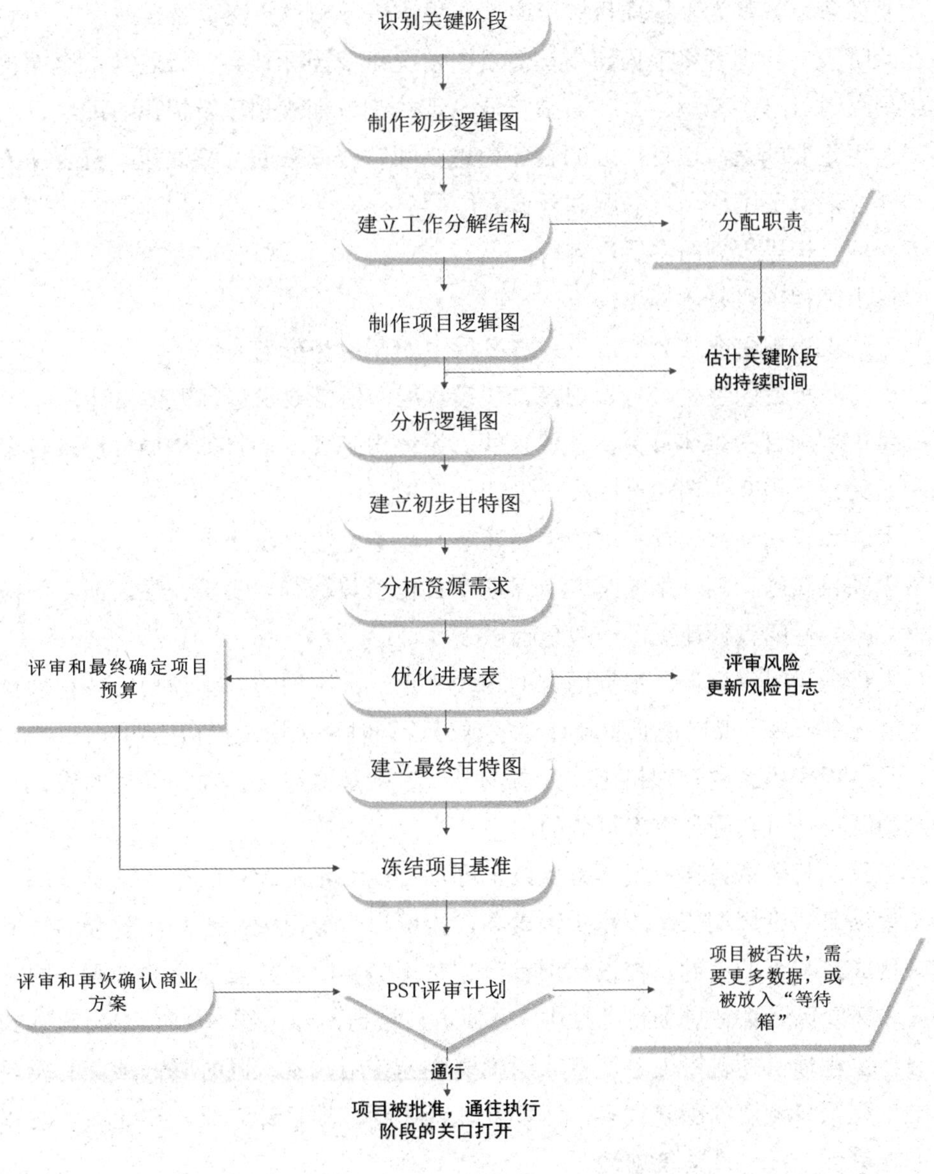

图 4-4　项目计划的过程

工程项目计划的设计，可以按照多种方法进行分类。

如果按照工程项目计划的范围可分成两部分：工程项目总体策划、工程项目局部策划。工程项目的总体策划，指的是管理人员在项目的决策阶段，对整个工程进行的全面策划；局部策划指的是把全面策划分解，然后针对其中一个专业性的部分进行策划。

如果按照项目建设程序可分为两部分：建设前期工程项目构思策划、工程项目实施策划。这两种项目计划，由于其对象与性质不同，所以在设计时的依据和内容要求也不同。

工程项目构思策划，指的是管理者在项目计划设计阶段，对工程所进行的总体策划。它的主要任务，就是为工程项目提出整体构思，进行项目定义以及定位。

在此阶段，管理者将根据国内社会发展情况以及国际社会经济趋势，全面构思一个待建的工程项目。这个工程项目，必须符合当地的远近期规划以及提出者的经营、生产或生活需要。更重要的是，项目计划的整体构思必须符合国家的法律法规，符合地方的相关政策，这样才能保证工程项目的顺利开展。

工程项目构思策划的主要内容有：

1. 提出工程项目整体构思；

2. 考虑工程项目在社会发展及经济发展中的作用和影响力；

3. 对工程项目的性质、建设规模、建设水准、所需要求进行整体设计；

4. 对工程项目的总体目标、整体功能、系统内部各子项目的构成，以及各个子项目之间的相互关系、相互协调性进行统一设计与策划；

5. 考虑和工程项目运行有关的重要环节，并予以预先设计。

工程项目实施策划，指的是为了保证项目构思策划有现实操作性，而专门提出的带有策略性与指导性的设计计划，一般包括以下几种：

1. 工程项目组织设计。根据国家的相关规定，大中型的工程项目应实行项目法人责任制。这也就意味着，现代企业在制订工程项目计划时，必须设置相应的项目团队组织结构，并进行具备组织模式的管理机制和人事安排。这些都要包含在项目计划的设计中，因为项目管理团队与项目实施是密不可分的。

2. 工程项目融资设计。资金是保证工程项目能够正常运作的重要物质基础。一些大中型的工程项目建设周期长，不稳定因素高，投资也十分巨大。因此，资金的筹措和运用是工程项目成败与否的关键。在设计项目计划时，需要广泛建设资金的来源，同时将各种融资手段和风险因素评估进项目计划中，方便日后根据具体问题，及时选择合理的融资方案。

设计工程项目的融资内容，可以明确资金的使用成本，同时降低项目的投资风险。由于影响工程项目融资的因素很多，所以管理者在制订项目计划时，要让项目融资策划具备很强的政策性、技巧性与策略性。

3. 工程项目控制设计。项目控制策划，指的是管理者对项目实施系统以及项目全过程的控制策划。其中，又包括确定项目目标体系、控制系统的建立和运行等策划。

4. 工程项目管理设计。项目管理策划指的是管理者对项目实施的任务分解，以及分项任务组织工作的策划。具体包括项目组织协调策划、信息管理策划、项目招标策划、项目管理机构设置和运行机制策划、合同结构策划等。

项目计划的设计，需要根据项目的规模与复杂程度，分阶段地细化展开，可以从总体的概略性计划，到局部的详细性计划。以上就是项目计划的设计重点。

4.5 项目计划制订的关键问题及误区

人，是整个项目计划系统的核心，也是构成工程项目整个架构的重要基础。如今，工程项目并非是软件和管理工具的积累，而是要靠人力资源从中操作运行。因此，导致工程项目失败的原因，大部分都是人为应用运行的结果。

4.5.1 项目计划制订的关键问题

工程项目的文化和组织构建都是项目计划制订的重点，可以说，没有计划就没有控制工程项目的依据，也就没有信息和参考目标。那么，在制订项目计划时，又有哪些需要注意的关键问题呢？

1. 重视项目管理者对计划制订的直接参与

在项目中，一个人制订的计划，可能对另外一个人来说，就是一场噩梦或滑稽戏。因此，在项目管理团队制订计划时，需要保证每位管理者都亲自参与进来，且执行计划的主要人员和各个子项目的干系人都要参与进来。

在制订计划时，最主要的原则就是让做具体工作的人员参与制订计划，这样才更方便项目计划的下达。首先，做具体工作的人员如果不赞同管理层的计划，就会让后面的执行遇到困难。而且做具体工作的人员更熟悉工程的实施流程，可以将计划中不严密、不周到的地方加以修改和补充。中国有句俗话，“三个臭皮匠，顶得上一个诸葛亮”，其实项目计划的设计就是这个道理。让更多的人参与制订计划，就能获得更多人对计划的认可。毕竟，让工程项目的实施者计划自己的工作，能够对他们起到更好的激励作用。

2. 调动项目管理者及干系人参与计划制订的积极性

关于管理的一个习惯，就是通过其他人来完成某一项具体的工作。但这种习惯是片面的，它只强调了管理的权力性，而忽略了被管理人员的积极性和主动性。良好的项目计划设计，需要让工程项目的参与人积极主动地参与进来，充分发挥直接执行者的主观能动性，力求让每个实施工程项目的人员，都能清楚地知道自己在做什么、要怎么做、将来要遇到什么样的问题、解决的方案是什么，这样才能让每个人都出于责任感和积极性来实施工程。

3. 重视项目计划制订中反对者的意见

在制订工程项目计划的设计时，管理者要有这样的认知：并不是所有的成员都会认同你的项目方案。在项目计划的设计阶段，也许会有人发出反对之声，甚至将管理者制订的方案全盘否定。面对这样的情况，有些管理者选择置之不理，有些管理者选择一意孤行，但他们没有想过，有些工程项目之所以免遭失败，之所以能够力挽狂澜，正是由于这些提出反对意见的人。可危险的是，总有管理者低估反对意见，造成工程项目的巨大损失。

在制订工程项目计划时，能够让计划产生反对意见的重要原因，就是该工程项目的实施方案的选择不是唯一的。当选择其中一个计划时，也就意味着放弃了其他的计划，如果有不少计划都具备可行性，那自然会生出其他的反对声音。

因此，管理者在制订计划时，如果有人对计划表示反对，不要置若罔闻，而是要对质疑和反对的声音予以重视，并且重新审视制订的计划是否完善。如果是反对者不清楚项目的实施过程，就要为其讲解清楚；如果反对者的意见确实有用，就要对计划加以修改。

对于研究计划是否可行，可以采用讨论或展开会议等方法。或许这样做会让设计项目计划的时间延长，内容也会更加烦琐，但是考虑到未来可能出现的不确定因素，还是不要带着侥幸心理维持原来的计划。就像墨菲法则告诉我们的那样：如果事情有变坏的可能性，不管这种可能性有多小，它总会发生。

4.5.2 项目计划制订的误区

在项目计划的设计阶段，管理者总会陷入各种各样的误区。其中有这样一部分问题，如果管理者能在项目计划的设计阶段保持警惕，就可以避免之后工程的大部分问题。

1. 计划片面

在工程项目中制订过于片面的计划，就意味着管理层没有让直接干系人参与到项目计划的设计中来。我们知道，任何管理者设计项目计划时，都没办法做到将项目的方方面面都考虑进来，尤其是专业的项目经理，他们更不可能清楚一线员工是如何具体操作工程的。如此一来，他们就会忽略很多细节。

当管理者对工程的工期、员工的工作量、工作的持续时间等方面无法进行预估时，就会导致项目计划片面，其结果也远远偏离实际情况，最终具体执行计划的人也无法按照计划行事，导致工程出现问题。

因此，管理者在设计实施工程项目计划时，首要原则就是让直接干系人参与到计划的制订中，这样不仅能够获得员工的支持，调动他们的积极主动性，还能尽量考虑到项目的所有细节和影响因素。

2. 计划流于形式

喜欢回避问题，是人们的天性使然。因此，在制订工程项目计划时，总有些人将工程项目计划看成一种形式，而忽视了它的作用。这样的心理活动，会导致项目计划真的变成一种形式，无法对后期工作的展开起到纲领性的作用。表 4-2 为项目约束条件管理示例。

表 4-2　项目约束条件管理

约束条件内容	影响			监控职责
	大	中	小	
财务约束条件				
项目成本不能超过给定数额				
项目资金预算受给定数额限制				
关键成员只在兼职时间可用				
只有有限的预算让项目团队成员一起工作				
关键材料获得受到供应商的限制				
环境约束条件				
部分或所有高层管理者对项目管理过程的经验和知识有限				
高层管理者没有就启动项目达成一致				
时间约束条件				
市场营销部门定下了阶段任务完成日期				
在计划形成之前，移交给了销售部门				
关键客户已经承诺了在计划批准前的可用性				
质量约束条件				
由于项目的未知性，范围蔓延不可避免				
无法达到客户的质量标准				
客户在项目进行过程中修改了具体规格				

一些实干派，或是从技术人员直接提拔上来的项目经理，普遍认为与其花时间去做项目计划，还不如立刻着手开干，好让工程项目能够尽早完成。可是著名的“帕累托法则”指出：人们有 80% 的成果，是来自于他们 20% 的行为。

“帕累托法则”几乎可以用于生活的方方面面，工程项目计划也不例外。在项目管理中，项目计划的设计正是可以决定项目“80% 的成功”的“20% 的行为”，可因为一些项目经理流于形式的想法，对设计项目计划的重要性不重视，这也在工程项目还没有开始时，就为之后的失败埋下了隐患。

3. 计划过粗或过细

一份优质的工程项目计划，应该是面面俱到的纲领，而不是一篇粗制的想法，或一篇洋洋洒洒的流水账。在设计工程项目计划时，应该按照适度的原则，做到条理清晰，内容全面，覆盖面广，同时将详细程度把握在可控范围内。

4. 计划没有考虑风险

在设计项目计划时，项目经理需要鼓励积极进取的态度，但积极进取并不能和莽撞挂钩。就像墨菲法则说的那样：任何可能变坏的事，最后都会变坏。用概率学的语言来讲，就是事情变坏的可能性，总会大于事情变好的可能性。因此，项目经理需要在设计项目计划时，就将可能会遇到的风险考虑进去，这也有利于将来风险真正来临时，人们能应用项目计划减少损失，让工程项目朝着有利的方向转化。

5. 计划没有余裕

项目经理经常会出于保证工作效率、避免员工散漫懒惰、让资源能够充分利用等方面的考虑，给进行项目计划的人员很多压力，让负责人将所有储备都用得一点不剩，这种项目计划设计法被称作“只要肌肉的管理策略”。也就是说，这样的项目计划中，所有储备都被计划干净，人们没有多余的储备来应付突发事件。

没有余裕的计划，会让人有些喘不过气，也会导致整个计划的崩盘。为此，工程项目的计划要留有余裕，不要将所有资源都用在计划中。所谓计划，就是代表将来可能会发生的事，没有人能将未来可能会出现的事情全部把握，因此，工程项目计划中应该包含一定的余裕，以用作应急储备。

当然，计划有了余裕储备，并不代表工程项目就可以高枕无忧。余裕只是为工程项目在遇到风险或不确定性因素时上一份保险，这样能保证工程项目按时保质地完成。

有余裕的计划，就是让项目管理者坚持以下两个原则：

1. 要把事情安排得面面俱到；

2. 你不能预知所有的风险，要给计划留一条后路。

第 5 章　项目管理的实施与控制

5.1 项目进度计划控制的主要内容

项目进度计划控制，其内容是有效管理和控制项目进度计划的实施和变更情况，在项目进度计划控制中，要定期检查项目的进度计划与项目实际实施进展情况的偏差，并采取及时的纠偏措施，确保项目进度按计划实施进行。

5.1.1 项目进度计划依据

图 5-1 为项目进度计划的平衡要素。项目进度计划控制的依据有以下几方面：项目进度计划和说明文件、项目的绩效考核文件、项目进度管理和控制文件、项目进度变更程序、项目的其他相关文件。具体内容如下：

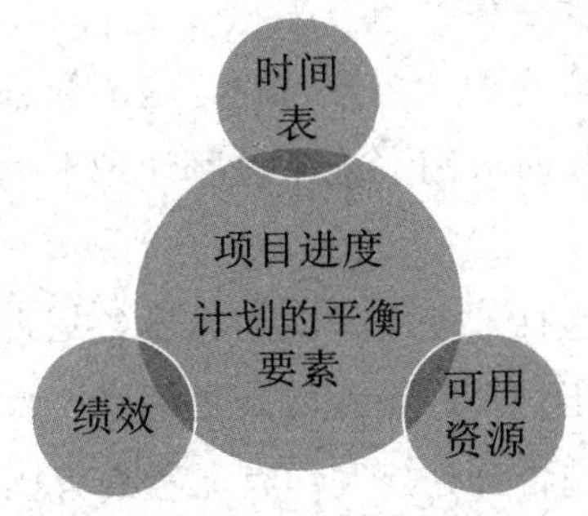

图 5-1　项目进度计划的平衡要素

1. 项目进度计划变更的控制

项目进度计划内容包括项目进度计划变更申请、批准、权限和实施等过程程序以及责任和权限分配、项目进度跟踪控制和管理的方法等。

2. 项目进度计划实施的验证和评估

其内容包括按期收集项目进度计划实施的实际结果，与项目进度计划相对比分析，寻找出进度偏差并实施纠偏措施。

3. 更新项目进度计划

通过分析和总结项目进度计划实施的实际情况，寻找和发现项目进度计划实施存在的问题，来确定项目进度计划应该采取的纠正措施，制订和更新项目进度计划以及协商实施追加项目进度计划的请求。

4. 运用计算机辅助管理

运用项目进度管理计算机软件来辅助管理和控制项目进度计划。

5. 项目进度偏差分析

要分析项目进度计划实施的绝对偏差、相对偏差和偏差产生原因等，以便在项目开展过程中有效控制项目进度。

5.1.2 项目进度控制内容

工程项目的进度控制，主要包括以下五个方面：

1. 工程实施前的进度控制

在确定了工程项目的内容和特点后，可以制订具体措施和方案，评估工程目标实现的风险，以及急需解决的工程问题。在此阶段，项目管理人员需要根据承包工程单位制订的总计划合理安排时间，在计划中有效控制工程进度。

2. 工程项目审批阶段的进度控制

每个工程项目都需要按照合同约定，按时制订施工的总进度计划、年进度计划、季进度计划和月进度计划等，同时按时填写《施工进度计划报审表》，交由项目管理团队的监理部门审批。

审批工程项目的进度内容包括：使用的人力与设备是否能满足工程项目的需求；工程项目的基本程序是否合理；施工材料、设备等是否配套，人工状态是否良好；运输通道、分包工程、竣工和验收计划等是否计划翔实；有无影响审批进度的问题存在等。

在工程项目的审批阶段，负责监理的工程师应当根据项目的规模、质量准备、施工条件等，全面分析施工总进度计划的合理性和可行性。

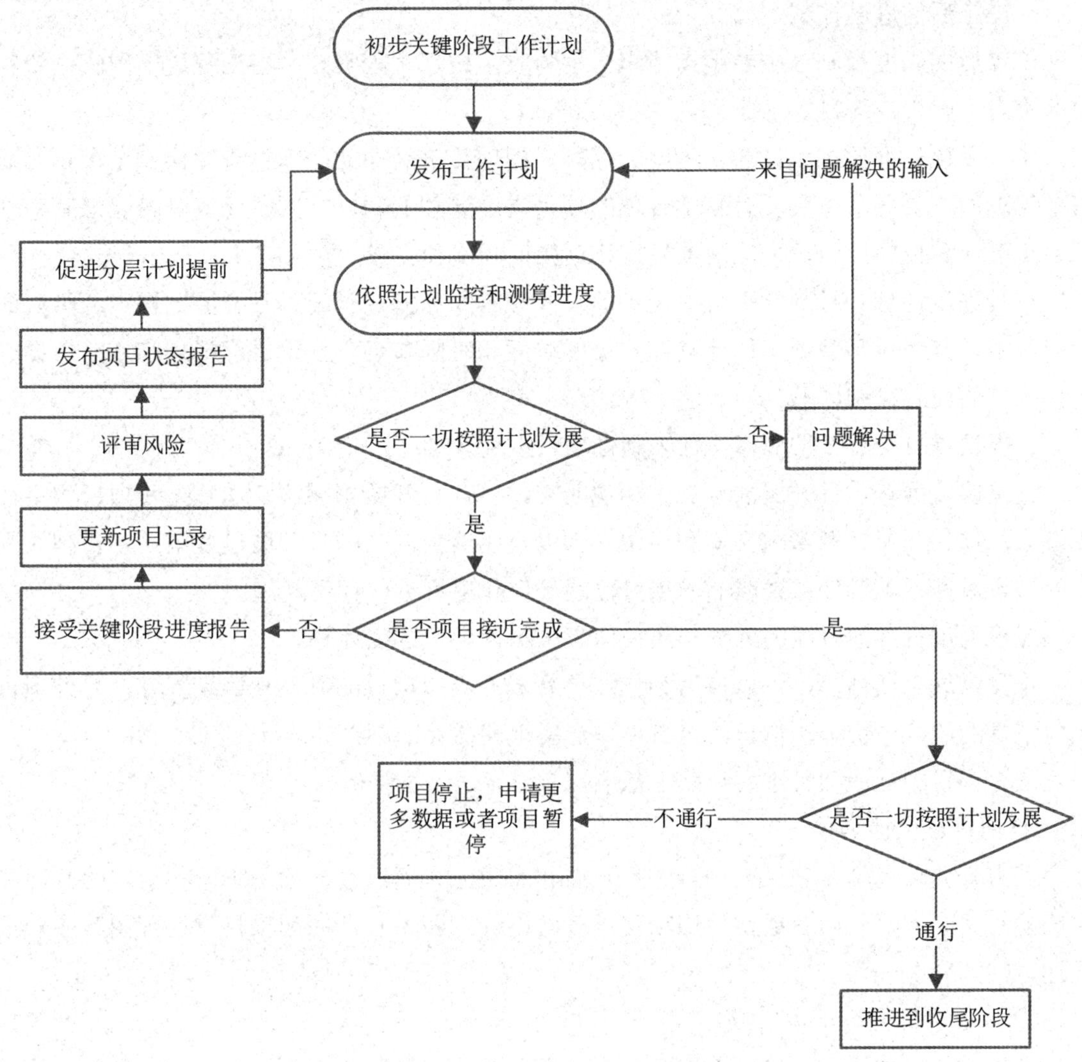

图 5-2 项目进度监控

3. 实施进度计划的监督举措

工程项目监理部，需要根据总进度计划，对承包单位进行实际进度的监督跟踪，以便严密把控进度的动态。监理部应按月进行实际进度检查，并将每个月的进度结果进行分析与比较，如发现进度偏离，需及时采取措施，实现进度目标。

4. 工程项目进度计划的调整

当总监理工程师发现工程项目的进度严重偏离项目计划时，就需要组织监理工程师们，对进度偏离的原因进行分析，并采取相应的措施，如展开协调会议等。为了保证工程能按照合同约定的目标实现，总监理工程师应对监理月报中建设单位的工程进度，提出合理的建议，并给出相应的进度计划调整。

5. 施工后的进度控制

施工后的进度控制，主要是指组织工程验收，处理工程索赔，将工程进度的相关资料进行整理、归档、编目等工作。

每一个项目都要求制订项目进度计划，工程项目更是如此。项目进度计划是项目时间有效管理的重要环节，其要有科学合理的项目进度计划的制订，同时还要具备合理有效的项目进度计划控制措施，来保证项目按计划如期开展和完成。

项目进度计划一经制定，就决定了项目开展时间和完成时间以及开展过程中各阶段的完成时限，其还包括各项工作计划和安排的时间和时限节点，项目进度计划制订是根据以下两个方面内容来制订的。

1. 根据项目开展工期估算文件来制订项目进度计划

其主要依据有项目开展清单文本和说明文件；项目开展顺序的工作安排和项目网络计划图表；项目开展资源需求文本和说明文件以及供给情况；项目开展过程中的各自制约因素和预设条件；项目任务说明书的项目范围条件和项目集成管理规划。

2. 根据项目其他方面的依据和相关信息来制订项目进度计划

项目开展工期估算，可以参考和依据已完成的类似项目的时限和信息制订，另外项目风险信息的风险评价和预估也决定着项目开展工期估算的制订。

所有项目制订的项目进度计划，都应该有以下五方面内容。

① 项目进度计划单

其内容要求包括，项目整体全过程开展和完成的时间进度，项目阶段各子项的开展和完成的时间进度，其内容通常使用项目进度网络计划图、甘特图和项目里程碑图等图表来描述。

② 项目进度计划单说明书

其内容包括项目的预设条件和各种资源配置的约束和制约因素以及要求的说明，项目进度计划实施方案的说明，预防措施和时间储备方案的说明，项目进度计划的采购计划和保障措施的说明等。

③ 项目进度管理计划单

其内容是对项目进度计划变更的合理管理，对项目开展工期的计划、安排和实施进行合理有效的控制和管理。

④ 改后的项目变更单

在项目进度计划制定过程中，由于项目各种资源要求和市场可能调整和更改，如果有了项目要求更改，所有项目进度计划、集成和资源管理中，要使用更改后的各种项目资源要求文件。

⑤ 项目其他文件的更改

其内容包括项目集成和范围等计划单、项目工作分解表和项目开展清单等内容的更改，都要有更改后的相应文件。

5.2 项目变更的管理

项目变更管理，就是为了让项目在运行过程中，能更好地适应组织与各种因素的变化，保证项目目标能够实现，从而对项目计划进行全部变更或部分变更。项目变更管理的目的，是用对工程项目影响最小的方式，来改变工程目标的现状。主要包括以下主要内容：

在工程项目的实施过程中，项目经理要了解工程变化，同时认真分析变化的性质，确定变化的影响，并且适时进行正确的变化描述。工程项目经理还要经常关注与项目相关的主客观因素，这样才能及时发现和把握变化。

当各种不确定因素影响到工程项目的顺利实施时，项目管理机构就必须及时进行计划变更，这样才能保证项目目标的顺利实现。但需要注意的是，项目计划的变更需要征得项目主体的同意，这样才方便项目管理机构及时进行项目变更。

变更处理需要根据工程项目的客观事实来制订，但并不是每次项目变更都是合理的，下面我们来看一下项目变更的种类、具体流程以及应对方法。

5.2.1 项目变更种类及注意事项

项目变更，是因为各种不确定因素，如政治因素、法律因素和技术因素等的影响，导致项目变更的种类也不尽相同。通常情况下，项目变更包括：项目进度变更；费用预算变更；项目合同变更；项目人力资源的变更。

一般来说，项目合同的变更通常指的是法律事实与合同内容不相符，需要就法律事实对合同的内容与标的进行改变的行为。项目合同变更时，必须做到与当事人协商一致，这样才能避免以后出现问题，影响工程项目收尾。

任何成功的项目变更管理都包括两个方面：项目变更申请、项目影响说明。

1. 项目变更申请

项目经理不能忽略项目的每项变更，要对客户的变更申请记录存档。项目团队还需提供标准的变更申请表。只有当项目团队清晰地理解了变更申请，才能通过变更影响来考虑客户的满意度，并最终决定是否接受变更申请。图 5-3 是两种不同的项目变更申请流程。

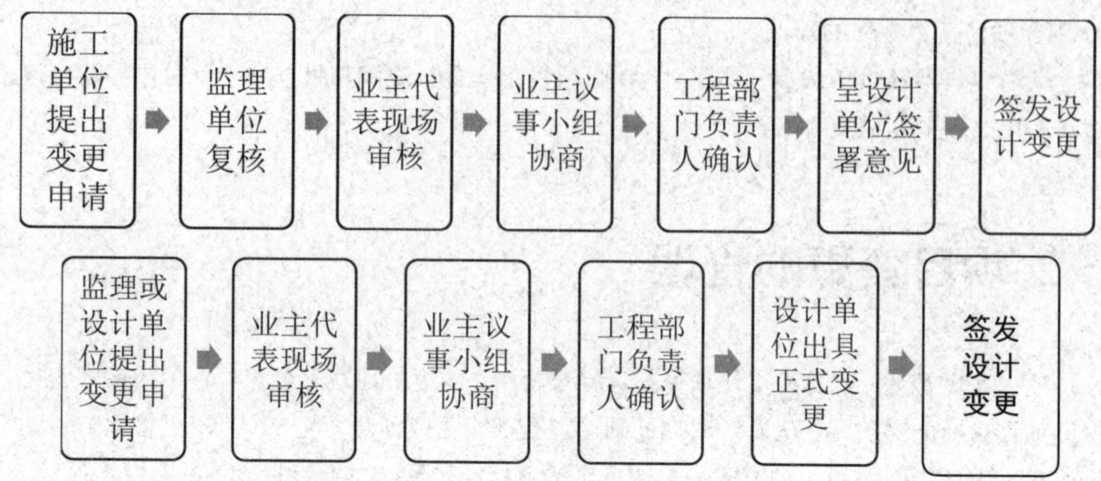

图 5-3 两种不同的项目变更申请流程

2. 项目影响说明

项目影响说明，就是项目管理者对变更申请的文件进行的回应，也是项目管理者针对变更申请，所提供的纠正措施的备选方案，申请项目变更的人需要负责选出最佳方案，最后决策应该由申请者作出。

不管是哪种项目管理机构，都应该设立一个正式的、专门应对项目变更控制的小组。当项目出现需要变更的要求时，即可从以下方面进行全面考虑：

① 项目变更，是否影响到工程的成本、范围、质量和进度；

② 项目变更，是否对工程设备、工种和工具产生影响；

③ 项目变更，是否对零部件、材料和库存产生影响；

④ 项目变更，对产品开发的项目，是否影响到开发产品的形式、性能和通用；

⑤ 项目变更，是否让产品在市场中更受欢迎，抑或是遭到抵制；

⑥ 项目变更，是否让投资影响回报率和净现值。

5.2.2 项目变更应对办法

工程项目管理人员需要针对不同的情况，作出不同的项目变更，继而作出不同的控制方法。

1. 绩效保持常量

当工程项目的绩效保持常量时，项目的变更基本是出于成本和时间问题。当出现项目变更时，如果工程项目依然能在规定的时间内完成，那就是加了成本或者工作时间。

计划的改变会让一些具体工作发生变化，这种变化就会产生项目变更。在绩效固定时，会出现四种基本情况：需要额外的资源和成本；重新定义工作范围；改变原有资源的分配；有效资源会被补充到拖后腿的工作中。

2. 成本固定

就像前面提到的，成本也是受到项目变更影响的因素之一。当项目需要变更时，可以先把成本固定，然后提高工程人员的工作绩效，同时整合资源，再考虑是否能改变工程项目的时间计划。

成本固定后，项目经理需要仔细研究工程合同中的条款，对于合同中要求必须达到的绩效水平，是不能有一点偷工减料的，但对其中包含什么、不包含什么，可以做一些相应的变通。谨慎与巧妙的协商谈判，也对控制成本、变更项目有着重要帮助。常见的容易被忽略且能引起成本增加的问题有四点：过细的报告；不必要的文档；多余的成本、时间和项目进度文档；对项目采用了错误的合同类型。

表 5-1 为项目变更日志模板。

表 5-1　项目变更日志模板

<table>
<tr><td colspan="3">项目变更日志</td><td colspan="5">第　页 / 共　页</td><td colspan="2">日期：</td></tr>
<tr><td colspan="8">标题：</td><td colspan="2">项目经理：</td></tr>
<tr><td colspan="3">发起人：</td><td colspan="5">项目经理：</td><td colspan="2">计划开始日期：</td></tr>
<tr><td colspan="5">在接受变更申请前必须实施影响评估</td><td colspan="3">状态：开放，被拒，关闭</td><td colspan="2">计划完成日期：</td></tr>
<tr><td rowspan="2">变更申请编号</td><td rowspan="2">发起人</td><td rowspan="2">变更描述</td><td rowspan="2">发生日期</td><td rowspan="2">影响评估经办人</td><td rowspan="2">被接受的日期</td><td colspan="2">批准</td><td rowspan="2">状态</td><td rowspan="2">结束日期</td></tr>
<tr><td>经办人</td><td>日期</td></tr>
<tr><td></td><td></td><td></td><td></td><td></td><td></td><td></td><td></td><td></td><td></td></tr>
<tr><td></td><td></td><td></td><td></td><td></td><td></td><td></td><td></td><td></td><td></td></tr>
<tr><td>批准</td><td colspan="3">日期：</td><td></td><td></td><td colspan="2">发起人：</td><td colspan="2">日期：</td></tr>
<tr><td colspan="5">发起人：</td><td colspan="3">分发：</td><td></td><td></td></tr>
<tr><td colspan="5">项目经理：</td><td colspan="3"></td><td></td><td></td></tr>
</table>

3. 时间固定（不推荐）

作为项目变更的三要素之一，如果能将时间固定，就可以保证工程进度不被耽误。为了保证进度，承包商通常会降低绩效，增加成本。但这种情况，通常会导致验收工作难以顺利交接，项目尤其是工程项目的质量受到影响，也会对承包商之后的商业行为产生影响。由于工程项目的延迟，会产生很大的实质损失，也会给客户留下不好的印象。毕竟在工程方面，没有人愿意跟一个声誉不好的公司合作，因此降低质量保证时间的方式是不推荐的。

时间因素的潜台词，就是对项目时间变更的一种“早期警告”。在工程项目开始前后，总会有人详细跟进情况，但由于各种不确定的因素，会让承包商为了按时完成进度，降低工程质量，这种方法会给客户带来严重损失。因此，在发生项目变革时，要做到与客户密切沟通，让客户作好充分准备。

项目最后的变更方案的确定，需要项目经理进一步工作，同时对未来出现的问题进行一次评估。未来所有可能会发生的不确定因素，都会成为项目变更的原因，因此，项目经理应该在项目计划的设计阶段，就潜在问题发生的可能性和严重性进行评估。当然，项目计划不能完全规避风险，但它能够降低问题的发生概率，并且在问题发生时予以及时应对。

人力、物力、资金、管理、时间、政策、质量和变化的要求等，都可能成为项目变更的理由，因此，项目经理也要在项目计划中，将发生概率较高的问题进行记录，保证工程项目能够顺利实施，并且顺利验收。

5.3 项目进度控制方法

项目进度计划控制会出现很多结果，比如项目进度计划的更新，就是通过项目进度计划实施过程中的变更及纠偏措施的执行，通过对原有项目进度计划的更新，产生新的项目进度计划。还有项目进度计划控制的纠偏措施，在项目进度计划控制中为保障项目进度和工期的正常开展，要随时采取项目进度计划控制纠偏措施来纠正项目进度计划的偏差。

通过对项目进度计划控制的经验和教训的分析和总结，可以使项目进度计划控制与实施更加科学合理，并提高项目进度计划的运行效率。项目进度计划控制的其他方面内容包括项目各种计划的更新，比如项目工作分解和开展清单的更新、项目经验和教训的分析和总结的更新等。因此，控制项目进度的方法非常重要。

5.3.1 项目进度计划制订方法

项目进度计划制订的方法有很多种，必须依据项目的内容和实际情况，灵活地确定项目进度计划的制订，其制订方法有如下七种：

1. 项目的关键路径法

其方法的基本参数和内容有：项目的开展和完成时间；项目最早开展和完成时间和最迟开展和完成时间；寻找出项目开展的关键路径。

2. 项目的情况分析法

依据制订项目开展的预设条件，通过对不同项目的情况分析和预设来制订出不同的项目进度计划，通过反复对比来确定最佳项目进度计划。

3. 项目的资源配置法

所有项目的开展，都受到各种项目需求的资源的约束和制约，其是通过将约束和制约项目开展的最稀缺和最重要的各种资源，优先配置给项目开展最关键路径的方法来制订项目进度计划的。

4. 项目的核心链法

其方法是在项目开展的关键路径上，找到项目开展的核心链，并将其作为项目管理和各种资源配置的重要环节，而优先配置重点管理，确保项目开展的关键路径环节，按项目进度计划准时完成，从而保证项目开展的整体进度，其也是按照各种资源限制和合理配置来制定项目进度计划。

5. 项目的进度压缩法

其是通过协调项目开展的工期和成本的关系，以较小项目成本得到较大项目工期压缩的方法，这样既压缩了项目开展过程的时间又不影响项目任务书的项目范围条件，其技术方法是速成法和搭接作业法。

6. 项目管理电脑辅助法

其方法是使用计算机和其管理软件辅助管理和协同管理项目开展全过程，从项目关键路径法或项目的资源配置法出发，计算机辅助编制多个项目进度计划，供项目经理选择出一个最佳的项目进度计划。

7. 项目的其他方法

其方法包括项目编码结构法，把项目的每个子项进行编码，使整个项目按一定结构进行整体编码，所有的项目过程都按编码检索和控制，从而达到项目进度计划的智能化和程序化管理。

5.3.2 工程项目进度计划制订方法

具体到工程项目进度的控制，主要有以下五种方法：

1. 合同措施

施工合同是建设单位与施工单位签订的，施工合同具有法律效力，也是维护社会、市场和谐有序的重要手段。因此，控制工程进度的重要方法之一，就是在合同工期方面进行限定。有了合同工期的要求，监理工程师会把重点放在这部分，从而有效把控工程项目的进度。

2. 经济措施

不管在哪种项目中，经济措施都是相当有效的措施之一。施工单位可以设定奖罚激励措施，在实现工程进度目标的巨大压力下，惩罚措施与奖励措施都相当有效。工程项目管理部门可以设定激励制度，按阶段开展激励措施。若当月进度没有完成，则对相关人员处以罚款或减薪措施；若当月按时完成进度，则可予以员工适当奖励，给予其荣誉，形成双方诚信合作、共同奋斗的良性循环。

3. 技术措施

管理者可以运用网络计划技术，对工程项目进行科学编制，以及合理的工程总体工期控制。使用技术措施，可以将材料、设备、加工等采购计划进行细化，制成专业的分包招标及分阶段进度计划。

运用网络计划技术，可以将工期进行优化，同时把费用和资源进行优化。其中，最常用的方式就是进行工期优化，其原理是通过压缩关键工序的持续时间满足工期缩短的要求，其最主要的步骤是通过网络计算确定关键线路。

运用网络计划技术进行进度实施中的检测与调整。审查的承包施工中的各种进度措施，都会采用先进的工艺，如此可保证工程进度的计划完成。

施工进度控制的技术措施，涉及对完成施工进度目标有利的设计技术的应用。不同的设计方案、设计路线和设计理念，会对实现进度目标的设计技术产生影响。为了实现进度目标，需要分析是否存在施工技术的影响因素。

总而言之，技术部分是提高工程进度预控能力的重要手段之一。在施工方案的决策阶段，项目管理人员应重点使用技术措施，对项目工程进度予以把控。

4. 组织措施

组织协调是实现工程进度的有效措施，为了有效控制工程项目的进度，就必须处理好工作中各个方面存在的问题，建立起一种可协调的工作关系，并且充分调动各方的积极性和创造性。进度控制的组织措施包括定期跟踪进度计划、对目标进行分析和论证等。

组织是工程目标是否能够完成的主要因素，所以，为了实现项目的进度目标，工程管理人员需要对组织问题予以充分重视，健全项目管理的组织体系。

在项目组织结构中，管理者需要为符合进度控制的岗位，配以专门负责的人员来把控进度。进度控制的主要工作环节，包括进度目标的分析、进度计划的跟踪、进度计划的编制等方面。

5. 管理措施

施工单位的工程项目部，是实现工程进度目标的主体，建设范围的进度控制需要与施工现场相互协调。因此，工程项目部管理人员的素质尤其重要。工程项目管理部门的成员需要加强与一线工人的沟通，了解他们的技术水平，并予以他们正确的指导。

工程项目管理部门需要从资金、质量等方面，对施工人员予以把控，这样才能时刻跟踪进度，把控工程项目实施中的风险和问题。

这五项措施都是可以提高工程项目预控能力、加快施工进度的方法。在项目进度控制方面，只有将主动控制与被动控制相结合，并且认真分析各种因素对进度的影响，才能让工程的实际进度牢牢把控在工程项目管理者手中，并使工程能够按期完成。

第 6 章　项目管理的收尾与总结

6.1 项目的收尾验收过程

搞工程项目管理的人都知道，工程的开始和收尾是最难干的，尤其是收尾和验收阶段，更是十分繁复杂乱的工作。有时候，项目经理会觉得自己忙了半天，但却看不出成绩，是在做无用功。有时候，也有一些人会觉得因为工程项目临近结束，所以心情浮躁，不想投入精力。

其实，项目的收尾过程是非常重要的，它不但标志着工程项目的完成，也涉及竣工验收、竣工结算等工作。大家因为工程结束，已经没有了施工时合作协调的热情，因此在项目的收尾验收过程中，总会遇到这样或那样的问题。

6.1.1 如何开展项目的收尾工作

在工程项目管理中，收尾过程是大家最不喜欢的过程，可项目管理人员必须把收尾工作重视起来，否则就会增加工程项目的失败率。在项目的收尾管理中，项目经理可以通过总结分析一系列问题，让收尾工作得以顺利展开。那么，如何才能做好工程项目的收尾工作呢？

1. 项目经理的重视，功在平时

项目经理自己要重视收尾工作，如果连领导都不重视收尾，那员工就会更加浮躁。管理层对项目收尾的强力支持，能带动员工们继续在岗位上工作。项目经理可以亲自过问各个工作部门的收尾进度，显示管理层对工程收尾阶段的重视程度。

另外，在工程项目还在施工阶段时，就应该将工程资料收集好，并进行编目归类，这样能为之后的收尾工作带来极大便利。收尾工作能否做好，很大程度上取决于平时所做的工作，也就是说功在平时。如果能在施工期将工程顺利完成，并且将各类相关文档归类，就能让收尾工作事半功倍。

2. 专人负责，强调计划

因为工程项目的收尾阶段工作复杂，因此项目经理必须指派专职负责人，这位负责人需要直接对项目经理负责，同时再将责任一级一级地细分下去，保证责任落实到个人。此外，还要组成一个精干的收尾小组加以辅助，将移交、资料归档等工作井井有条地推进下去。

收尾阶段要特别强调计划，需要由收尾的专职负责人结合工程项目的实际情况拟定收尾计划初稿，然后经过项目经理和直接干系人的审批后，确定下发，严格执行。图 6-1 为项目收尾和评估流程。

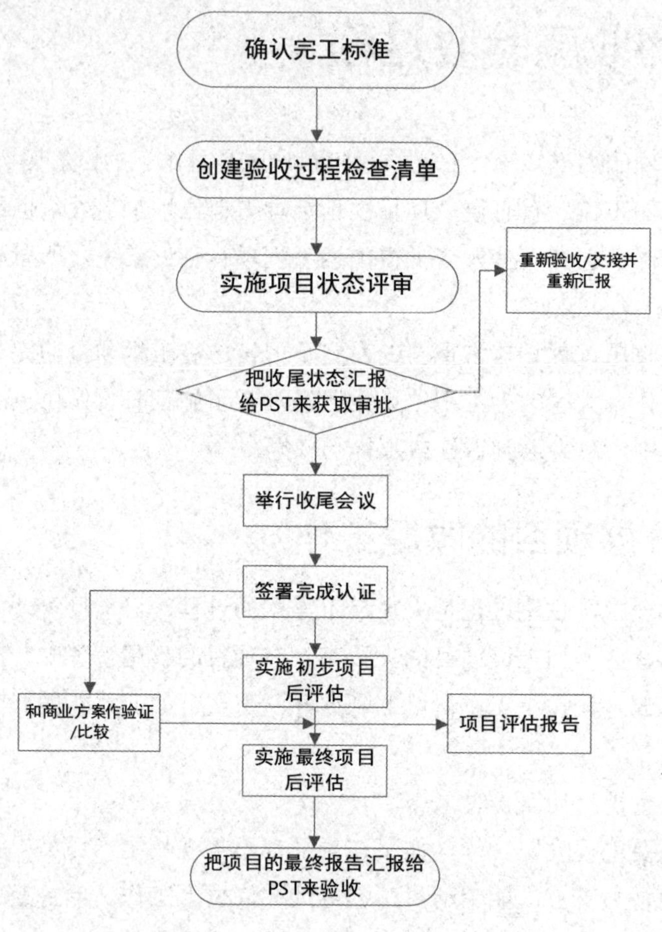

图 6-1　项目收尾和评估流程

3. 协同配合

这里的配合，指的是各收尾人员要在技术、合同和现场进行三方面配合。在现场方面，又需主要与各个分包商配合。每个员工都必须做到积极、坚决、严格地按照收尾计划行事。如果在执行计划的过程中，遇到配合难度较大的问题，那就需要临时组建一支小队，专门负责处理各种配合问题。

在现场配合方面，有一个难点就是裁员。在工程项目结束后，最先离开项目的就是现场人员，这样的情况会导致现场人员心理失衡，在工程尚未完成时就心不在焉，在工程收尾但出现问题后，也不愿回到现场解决问题。

因此，工程在收尾阶段的专职负责人需要对现场人员加以安抚，在奖金、假期等福利方面予以保证。对员工的成绩要充分肯定，保证他们在走之后，不会出现影响工程收尾的问题。

4. 各个岗位工作确认无误

在工程的收尾阶段，经常会出现多个部门共同负责一部分工作的情况，这样很可能会导致工程项目出现问题时相互推诿扯皮。有时候，即便责任落实到个人头上，但他们也只做分配给自己的、必须强制性完成的工作，对岗位缺少情感。

只有对岗位有情感的员工，才会在收尾时确认自己的工作是否无误，不会因为个人问题给收尾工作造成麻烦，也能保证负责人能将工程的信息、数据和文档等及时收上来，为收尾工作提供方便。

6.1.2 如何开展项目验收工作

工程项目的验收工作，可以说是工程项目收尾阶段中最为重要的流程。项目经理需要通过工程项目验收工作，核查工程是否按照项目计划的规定完成了各项任务。这项工作需要交由专人负责，这样才能负责任地核查交付的工程结果是否令人满意，并把核查的结果记录在验收文件中。那么，工程项目负责人该如何开展验收工作呢？

1. 注意验收项目的顺序和数量

在工程项目的验收过程中，顺序和数量是两个最主要的方面。从合同利益和实际情况出发，工程项目自然是越早验收越好。因为验收之后，项目负责部门就可以将责任转移给业主，同时收到工程款和质保金。但是验收过程需要合同部门、监理以及业主方面共同界定。如果工程项目规模较小，验收过程会比较迅速。但如果工程项目的规模较大，那么就会延长验收时间，造成不必要的成本增加。

因此，验收负责人可以将几个工程的子项目，按照顺序进行分批次验收，这样就可以有效减少验收时间和移交费用，同时提高工程项目的收尾效率。

2. 充分准备

移交验收是个繁杂且琐碎的工作，而且重复性很强，因此负责验收的人员应该有充分的准备。准备包括两方面：一是资料的准备，二是现场的准备。资料的准备是其中的重点，一定要在验收之前，将工程验收所需资料整理规范，准备齐全，并按照相关要求进行修补。

在验收准备的过程中，如果可能，可以让监理和业主提前介入准备阶段，当发现工程出现验收问题时，就可以及时予以解决。如果有一些问题无法在验收前解决，则要向监理和业主争取将问题列入遗留问题，这样才不会耽误之后的验收，造成验收延误。

通常情况下，监理和业主都是不希望提前进行验收的。这时候，就要看负责验收的人社交手段如何了。负责验收的工作人员需要一而再、再而三地向监理和业主提出验收要求，并且利用各种契机和方法，直到对方同意为止。

充分准备成功的标志是什么呢？就是在准备工作结束后，所有的问题都在验收前解决完毕，等到正式验收的当天，只需要走个形式，签个字即可。

3. 程式化

第一次验收都是比较难的，很少有可以一次性成功的验收，因此，为了保证验收的成功率，需要提前了解一些用于该工程项目程式化的资料，有备无患，这样才能方便以后的验收顺利进行。当然，程式化的另一层意思，就是合同中明确要求的地方，工程项目管理部门必须严格执行，没有商量的余地。

4. 主持、参加移交验收

管理层可指派负责人和直接干系人主持和参加移交验收过程，这样做的最大好处是能帮助负责人和直接干系人提高质量意识，毕竟没人愿意被人当面否决自己的工作。如果不想出现种种问题导致难堪，就需要保证工程的质量过硬。

还有就是工程项目整体水平的提高。在施工的时候，项目经理无法做到面面俱到，但在验收时，却能够一次性地、全面地检阅工程完成情况，甚至有些极度轻微、细节的东西也能在验收时被挖出来。所以，验收工作对项目经理来说，也是一次提高水平的机会。

6.1.3 项目收尾验收案例

王明（化名）是某工程项目的项目经理，因其项目即将竣工，马上要面临项目收尾与验收问题。工程项目的收尾阶段工作复杂，因此，王明决定选拔出一名专职负责人，专职负责项目的收尾问题。

考虑再三后，王明选中了工程部的孙军（化名）。孙军做事一向勤勉谨慎，工作认真细心，且有足够的耐心。王明找孙军谈了谈，孙军也很愿意负责项目的收尾工作。王明告诉孙军，孙军只需要直接对项目经理负责，同时再将责任一级一级地细分下去，保证责任落实到个人。最好组成一个精干的收尾小组加以辅助，将移交、资料归档等工作井井有条地进行。

接到王明的任务后，孙军找到了设计院基础公司之前项目的收尾经验总结，他决定依据项目完工报告总结项目的经验，有条不紊地进行收尾工作。

由于之前王明经理对工程项目做过要求和规定，工程的各项文件资料都保存得十分完好，而且能真实客观地反映项目的开展情况，帮助后边接收工作的人分析和发现项目管理中的经验和教训，并给出项目后续发展的实施建议，为项目可持续发展提供支持，为设计院基础公司未来项目的管理和决策水平的提高，提供实践依据和技术参数。

孙军制订的项目经验总结包括以下内容：工程项目概况说明、项目经验总结的内容、项目管理的主要问题、问题产生的原因分析、项目管理的经验和教训、项目管理的结论和意见等。

将项目经验总结完毕后，孙军开始着手项目移交工作。他先让项目团队对完成的管理工作和项目成果进行自我检查，开展项目管理工作终结和验收。然后对项目分包及采购合同进行终结和验收，对项目承包合同进行终结和验收，项目成果交付使用，进行项目工作文件、资料和所有权等的移交工作。最后是对项目存在的所有问题和善后工作的解决及处理。

孙军对项目管理工作进行了总结和分析，以便对项目成果进行验收与总结，并形成最终文件归档和办理终结手续。王明经理对孙军说道："项目完成的同时，需要注意项目中涉及的所有合同的终结手续，项目团队的项目责任最终完成与终结，项目经理卸任及项目团队解散。如果工程不能顺利验收，咱们就只能一直耗着，浪费各种成本。"

孙军点点头，表示一定好好督查项目收尾工作。按照院基础公司之前所有的项目完工经验，孙军发现最后都要做项目最终评估工作，并且由设计院质量安全科负责评估工作，院基础公司配合，评估表填写由院总工办、基础公司经理及其技术负责人三级评估并汇总结果。

孙军查找过之前的验收材料，发现之前公司做过工程地质勘查项目，并且找到了这项项目的最终评估指标：工程地质勘查报告的质量、项目的合同、项目的成本和利润、项目进度、项目管理、项目复杂程度及技术先进性、审图结构的审查意见、安全生产、项目管理及技术和信息资料的归档、竣工验收报告、后期服务、甲方投诉和院顾客满意度调查等。

同时，他也找到了工程基础检测项目的最终评估指标：工程基础检测报告的质量、项目进度、项目合同、项目的成本和利润、项目管理、安全生产、项目复杂程度及技术先进性、项目管理及技术和信息资料的归档、甲方投诉和院顾客满意度调查等方面的评估。

根据这两项工程项目，他总结出此次岩土工程类项目的最终评估指标应该有：岩土工程设计质量、专家的评审意见、施工质量、项目管理、项目合同、项目的成本和利润、安全生产、项目复杂程度及技术先进性、项目管理及技术和信息资料的归档、季度电话回访情况、质量验收报告、甲方投诉和院顾客满意度调查等方面的评估。

并且，他还打算在项目结束后，在项目管理、技术和信息资料归档后，15 天内完成项目最终评估表的工作，并交院质量安全科存档，项目最终评估结果作为项目绩效考核的依据。

在工程验收阶段，项目最终评估评价体系权重的确定也成了孙军的难题。院基础公司项目评估评价体系权重的确定，由院质量安全科汇同基础公司管理层研究制定。

工程地质勘查项目评估评价体系权重的确定：工程地质勘查报告质量的权重为4、项目合同的权重为1、项目的成本和利润的权重为2、项目进度的权重为2、项目管理的权重为2、项目复杂程度及技术先进性的权重为2、审图结构的审查意见的权重为0.5、安全生产的权重为2、项目管理及技术和信息资料的归档的权重为1、竣工验收报告的权重为0.5、后期服务的权重为1、甲方投诉的权重为1、院顾客满意度调查的权重为1。

工程基础检测项目评估评价体系权重的确定：工程基础检测报告的质量的权重为4、项目进度的权重为2、项目合同额的权重为1、项目的成本和利润的权重为3、项目管理的权重为2、安全生产的权重为2、项目复杂程度及技术先进性的权重为2、项目管理及技术和信息资料的归档的权重为1、甲方投诉的权重为2、院顾客满意度调查的权重为。

岩土工程项目评估评价体系权重的确定：岩土工程设计质量的权重为4、专家的评审意见的权重为0.5、施工质量的权重为4、项目管理的权重为2、项目合同额的权重为1。项目的成本和利润的权重为2、安全生产的权重为2、项目复杂程度及技术先进性的权重为2、项目管理及技术和信息资料的归档的权重为0.5、季度电话回访的权重为0.5、工程质量验收报告的权重为0.5、甲方投诉的权重为0.5、院顾客满意度调查的权重为0.5。

通过项目评估评价体系权重的确定，孙军有条不紊地按照侧重点，完成了这次项目的验收工作。虽然工程项目的收尾过程非常烦琐，但孙军还是从中收获了不少东西，这些东西也使孙军对待日后的工作时更加得心应手。

6.2 项目收尾阶段常见问题及失败因素

项目收尾阶段的工作，通常是时间长且枯燥乏味的工作。因此，不少人员甚至项目管理者本身都不愿意投入太多精力。

这种想法其实是大错特错的，一个工程项目中，最为重要的部分就是收尾工作。如果不用心就会遇到很多困难，轻者造成竣工验收和竣工结算等方面的问题，重者甚至会导致整个工程项目的失败。

6.2.1 项目收尾阶段常见问题

图 6-2 为项目收尾阶段常见问题示例。

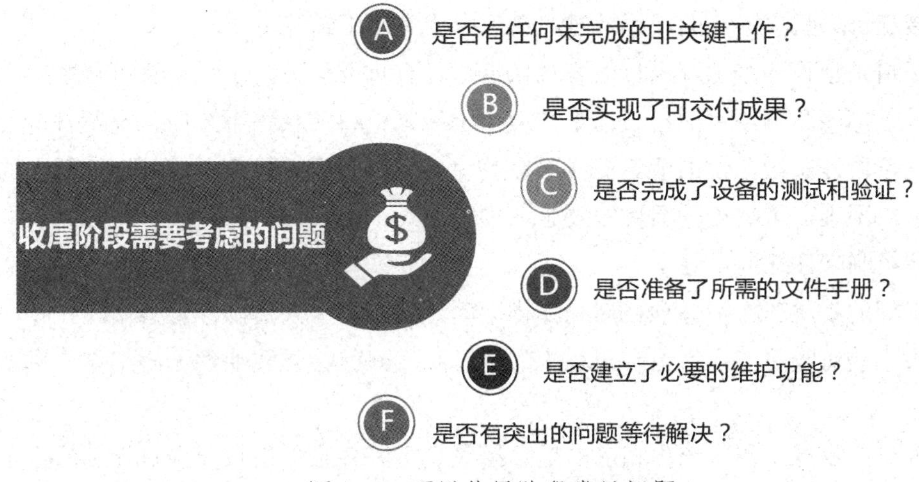

图 6-2　项目收尾阶段常见问题

工程项目在收尾阶段的常见问题主要有以下五点：

1. 收尾工作无控制性

正常工程项目的收尾工作应当是有计划、有控制的，但有些工程项目管理人员没有对项目收尾工作进行计划，导致人员分流，无法展开接下来的工作，也让工程项目的收尾阶段无法实行。

2. 交接不顺畅

工程项目的收尾阶段，是需要项目管理人员与其他部门和公司作对接的，如竣工的验收和结算工作。如果收尾工作进度落后，就会导致其他公司的对接工作也跟着“脱节”，无法顺利完成收尾工作。还有一些工程项目的管理工作不到位，导致在交接过程中，对方无法按时完成对接工作。

如果收尾管理工作无法对接，就会影响最后的工程验收和竣工结算，给工程项目的回款也带来困难。有些管理者认为，工程完工就算项目结束，因此在收尾过程中比较松懈，致使交接问题无法顺利解决。

有些工程项目的遗留问题，在收尾阶段会出现无人跟踪、无人催进的状况，从而让竣工验收和结算过程一再拖延，影响工程项目的收尾工作。

3. 受业主制约，无法解决合理诉求

这是工程项目收尾过程中不可抗力的因素之一。部分工程项目，在收尾过程中受到业主制约，一时间无法跟进竣工验收、竣工审计和竣工结算等工作，导致收尾进度滞后，工程项目也比较被动。

4. 竣工资料的影响

工程项目的竣工验收资料管理，在工程项目启动的时候就已经有了计划。但目前大部分工程项目存在的问题是，竣工资料的整编工作要等到工程结束后才开始运行。时间的紧迫会导致竣工资料收集不全面、不及时，最后影响到竣工结算工作。

竣工资料是建设一个工程项目的客观依据，具有重要价值，工程项目可从中得到宝贵的施工经验，提高整体项目的建设水平。但由于竣工资料的收集不全面、不及时，导致管理者在收尾阶段提交给单位的竣工资料不完整，甚至压根就不移交，这都会给后来的竣工验收工作带来困难，影响工程项目的收尾工作。

5. 奖罚机制未建立或不健全

由于工程的收尾工作不像项目启动那样生动，因此不少人员都会觉得枯燥乏味，耗时冗长。如果不能对收尾工作人员制定相应的奖惩制度，就会导致他们无心工作，草草应付了事。

工程项目的收尾工作应该由相应的项目经理负责，并且严格按照项目计划的规定完成收尾工作。对完成任务的员工予以奖励，对敷衍糊弄的员工予以处罚，这样才能提高员工对工程项目收尾工作的积极性。

6.2.2 可能导致项目失败的因素

马云有句话，叫“成功的理由千千万，失败的原因就那么几个”。不错，工程项目的失败并不可怕，可怕的是失败之后，身为项目的管理人员却不知道为什么失败。

以下就是十点导致工程项目失败的因素：

1. 大范围的项目计划变更

项目变更是工程项目计划中的一部分，这也是无可厚非的事情。但如果是项目范围大面积地变更，且只是通过管理层，没有与直接干系人商量，就可能出现重大的工程风险和问题。在变更项目计划时，需要在项目管理部门中进行讨论，并由项目经理主导，制订相应的风险表、延期表和预算计划。如果对工程项目范围变更无法控制，就会导致项目的失败。

2. 资源负荷不明

当工程项目出现资源使用高峰时段时，项目经理可能会忽视项目资源的具体用处，只知道一味要求增加资源，这种无节制的资源增加，会导致工程项目的成本整体偏高，也会导致项目经理无法了解团队成员在工程项目中究竟做了什么工作。优秀的项目经理会通过周例会，专门就资源的使用情况进行讨论，并通过相关系统进行资源的跟踪处理。

3. 沟通不畅

现代社会越来越讲究沟通的顺畅，项目管理部门的管理层与员工之间除了正式沟通形式，如会议外，还需要一些非正式沟通形式。对于项目经理来说，如果没有有效顺畅的沟通，就只能给项目带来混乱和无序，导致工程的失败。

4. 利益相关者的管理

工程项目中的利益相关者，不但可以保证项目进度的加速完成，也可能会成为阻碍工程的罪魁祸首。由于一些项目经理的职业倦怠性，导致他们不能够完全识别所有利益相关者，这也是影响工程项目进展的重要因素。项目经理需要把利益相关者的分类管理做到最好，同时通过制订有效的沟通计划，及时与利益相关者们进行沟通。

5. 不可靠的估计

在项目经理进行工程项目任务的估算时，总是习惯凭个人经验，或简单的时间来估计项目任务量。但这种主观估计可能是正确的，也可能是错误的，光靠个人的主观估计，是会导致工程项目出现缺陷和风险的。一旦出现错误，就会给工程项目带来困难，甚至直接导致工程项目的失败。

6. 无风险管理

由于风险是存在的，但又是不确定的，因此每个工程项目都是独特的、不可预知的。当项目管理人员试图对不确定的风险进行量化时，就会发现这些风险是很有可能出现的。但有些项目经理不愿估计可能会出错的事情，因此会进行无风险的管理，最后导致风险真正出现时不知道如何识别和应对，造成工程项目失败，见图6-3。

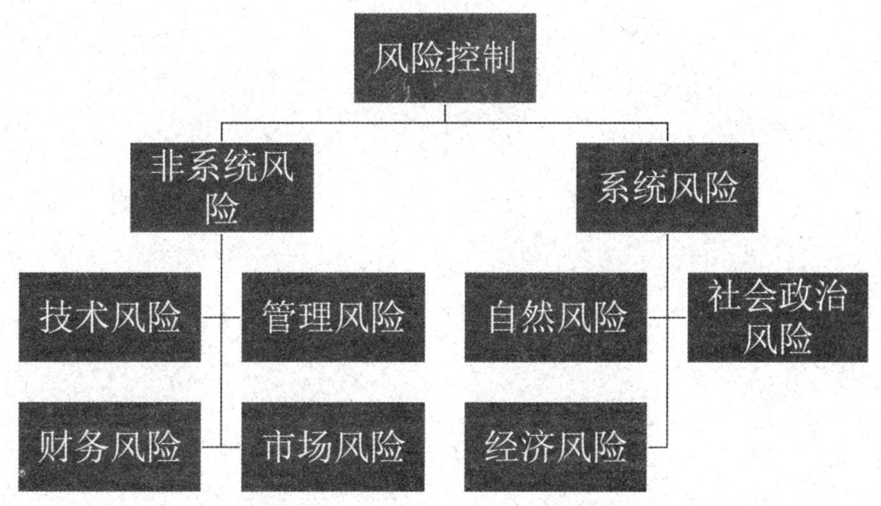

图6-3　项目管理中可能出现的风险

7. 错误的工具方法

在进行一个复杂的工程项目时，不少管理组织都会选择传统的管理方式，这也导致大量的项目资料和文档交给未经专门训练的人员处理，出现不可预估的风险和问题。

8. 项目经理的不可靠性

在不少工程项目管理团队中，核心的项目经理都是由一位技术人员提拔上来的。这类技术人员通常是工程师或相关的技术专家，但他们虽然有过硬的专业技能，却没有相应的管理技能，有些甚至没有参加过专门的项目经理培训。这样的项目经理是没有经验的、不可靠的，他们经常会导致一个工程项目的失败。

9. 缺乏团队计划会议

由于一些项目经理太过看重表面功夫，喜欢流于形式，因此经常召开临时性会议。这样会导致员工们手头上的工作被迫中断，一些有计划的进程也被迫叫停，这会让工程项目的进度缓慢，效率低下，最后导致项目失败。

10. 监视和控制

如果项目经理想把工程项目做得更好，那他就应该学会如实记录工程任务的开始日期、工程进度、工作完成量和剩余工时估算，有效的监督方式才能避免工程项目的失败。

第 7 章　项目管理的九个知识领域

项目管理通常包括九大知识领域，具体见图 7-1。

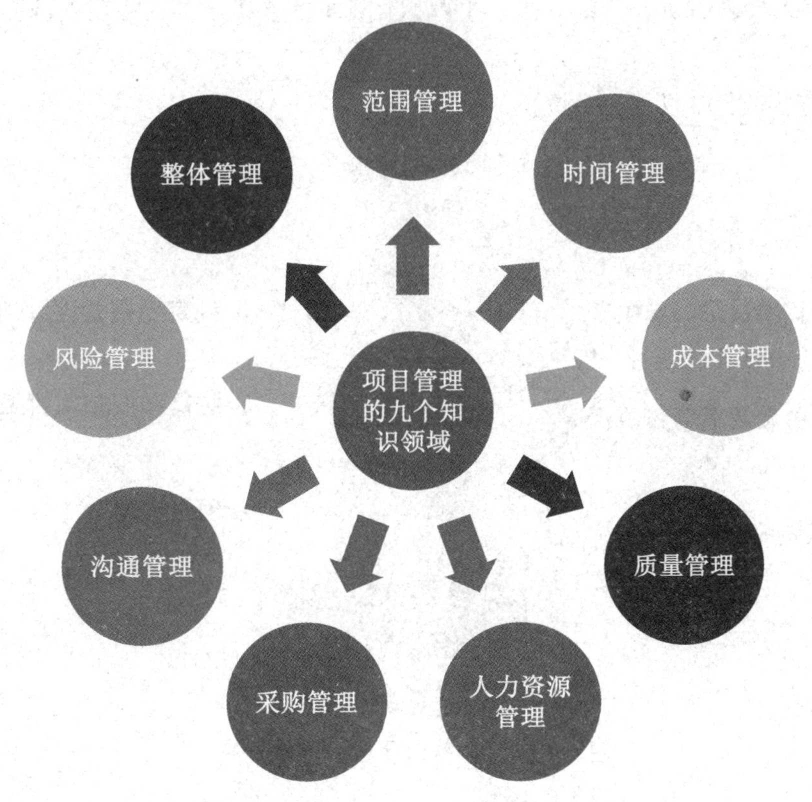

图 7-1　项目管理的九个知识领域

7.1 项目整体管理

7.1.1 项目整体管理的概念

当面对一个项目时，该怎样去管理这个项目，才能使得项目的目标得以实现？该怎样平衡项目设计各方的利益与冲突，以达到或者超过项目干系人的要求和预期？该如何去计划、执行、协调、监控、变更项目？这就需要对项目进行整体管理。

项目整体管理，是唯一贯穿项目从启动到收尾所有过程组的知识体系，是项目管理中一项综合性和全局性的管理工作，主要围绕项目管理计划的制订、执行和控制进行。通过对项目资源的整合、干系人的整合、其他项目过程组的整合、项目四要素的整合，来实现项目的目标。

整体管理就是决定在什么时间把多少工作量分配到相应的资源上，有哪些潜在的问题需要在其出现之前就积极处理，以及协调各项工作使项目整体上取得一个好的结构。项目整体管理包括选择资源管理分配方案、平衡相互竞争的方案，以及协调项目管理各知识领域之间的关系。

项目整体管理包括以下七个过程，见图 7-2。

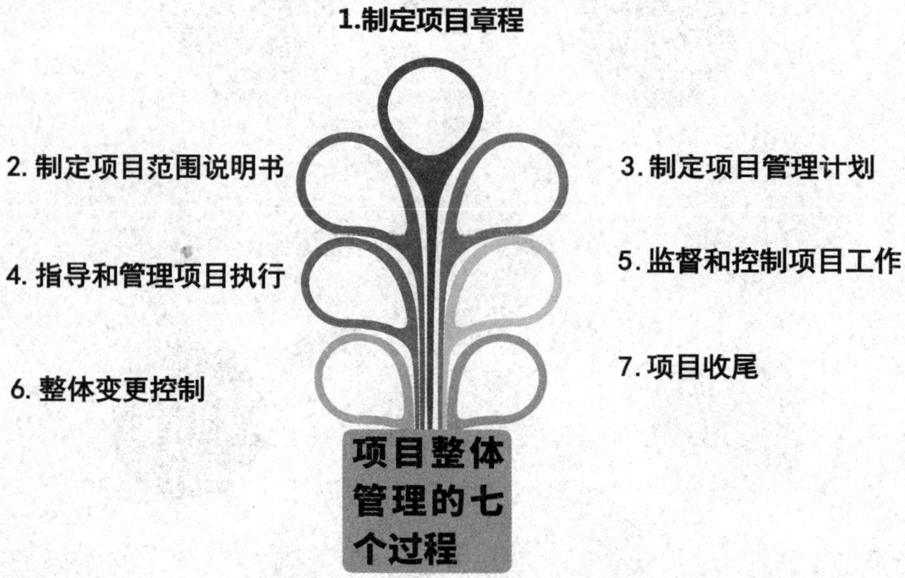

图 7-2　项目整体管理的七个过程

1. 制订项目章程：制订一份正式批准项目或阶段的文件，并记录能反映干系人需要和期望的初步要求的过程。

2. 制订项目范围说明书（初步）：是根据项目发起人或出资人提供的信息制订，由项目管理团队在范围定义过程中进一步细化，描述该项目是做什么的。

在项目范围说明书中列出项目的特点、范围边界、交付相关产品和服务的信息、验收标准、范围控制方针等。对于那些具有多个阶段的项目，其范围说明书可以在后续阶段中进行验证和修正。

3. 制订项目管理计划：对定义、编制、整合和协调所有子计划所必需的行动进行记录的过程。

项目管理计划是对项目整体变更控制过程进行更新和修订，它定义了项目怎样执行、监督和控制。

4. 指导和管理项目执行：为实现项目目标而执行项目管理计划中所确定的工作的过程。

5. 监督和控制项目工作：跟踪、审查和调整项目进展，以实现项目管理计划中确定的绩效目标的过程。

对项目的启动、规划、执行和收尾进行监督和控制。监督工作包括收集、度量和发布绩效信息，对被度量项及其发展趋势进行评估，来改进项目绩效。

6. 整体变更控制：审查所有变更请求，批准变更，管理对可交付成果、组织过程资产、项目文件和项目管理计划的变更的过程。整体变更控制过程发生在整个项目进行过程中。

7. 项目收尾：是对项目管理计划中收尾部分的执行，完结所有项目管理过程组的所有活动，以正式结束项目或阶段的过程。

项目整体管理是项目管理的核心，项目团队需要在整体管理的指导下从事其他几个领域的管理。下一小节我们将详细介绍项目整体管理的七个过程。

7.1.2 项目整体管理的七个过程

一、制定项目章程

项目章程宣告了一个项目的正式启动、项目经理的任命，并对项目的目标、范围、主要可交付成果、主要制约因素与主要假设条件等进行了总体性描述。

项目章程是一个正式批准的项目文档，是由项目组织以外的发起人、资助人或者组织内某个级别的管理层发布，作为项目资金需求的证明。在项目章程里，对项目经理进行授权，让项目经理有足够的权力去调动资源管理项目。项目章程主要记录商业需求、项目论证、对顾客需求的理解，以及满足这些需求的新产品、服务、结果。通常由项目组织外的企业、政府机构、公司、大项目管理或组合投资组织发布。

项目经理可以参与甚至起草项目章程，项目章程制定好后只有管理层和发起人才能有权进行变更，章程的修改遵循的是谁签发、谁有权修改的原则。

制定项目章程的输入：

1. 合同（如果有合同）：来自客户采购组织的合同。

2. 工作说明书：是对项目需交付的产品或服务的描述，包括业务需求、产品范围描述、战略计划等。

3. 环境和组织因素：主要是与项目相关的环境和组织因素，如组织结构、人力资源等。

4. 组织过程资产：组织中以往项目的相关经验和项目实施过程中积累的文档、规章、经验等。

制定项目章程的工具与技术：

1. 项目选择方法：决定组织选择执行哪个项目，其方法有收益测量方法和数学模型。

2. 项目管理方法：组建管理过程组，把相关的过程和控制功能组成一个有机的整体。

3. 管理信息系统：用标准化的自动工具来辅助管理。

4. 专家判断：用来评估制定项目章程的输入。

制定项目章程的输出：项目章程。

制定项目章程的作用：

1. 确定该项目的经理，并明确项目经理的权力；

2. 正式确认项目的存在，给项目一个合法的地位；

3. 项目章程中规定项目的总体目标，包括范围、时间、成本和质量等；

4. 项目章程中交代了启动项目的理由，把项目与执行组织的日常经营运作和战略计划联系起来。

二、制订项目范围说明书（初步）

项目范围说明书（初步）的内容主要包括：项目和范围的目标、产品或服务的需求和特点、项目的边界、产品的标准、项目的约束条件、项目假设、最初的项目组织、最初的风险、进度里程碑、费用估算的量级要求、项目配置管理的需求、已批准的需求等。

制订项目范围说明书（初步）的输入：

1. 项目章程；

2. 工作说明书（SOW）；

3. 环境和组织因素；

4. 组织过程资产。

制订项目范围说明书（初步）的工作和技术：

1. 项目管理方法论；

2. 项目管理信息系统；

3. 专家判断。

制订项目范围说明书（初步）的输出就是制订项目范围说明书，不过这个说明书只是一个初稿，以后还会根据实际情况修改。

三、制订项目管理计划

项目管理计划是一个综合性的计划，用来指导项目的执行、监控和收尾工作。项目管理计划是在其他规划的成果上制订的，必须自下而上来制订，制订的依据是其他所有规划过程。各项目成员对自己的部分制订相应的计划，然后逐层向上汇总，最后由项目经理进行综合，制订项目管理计划。

在项目执行开始之前，就要制订出尽可能完整的项目管理计划，在项目生命周期的后续阶段可以不断审阅、细化、完善和更新。

制订项目管理计划的步骤是：

1. 各具体知识领域制订各自的分项计划；

2. 整体管理知识领域收集各分项计划，整合成项目管理计划；

3. 用项目管理计划指导项目的执行工作，在执行过程中进行监控；

4. 如果有必要的变更请求，报实施整体变更控制过程审批；

5. 对那些批准的变更请求，更新项目管理计划。

制订项目管理计划的输入：

1. 项目章程；

2. 其他规划过程的输出；

3. 组织过程资产。

制订项目管理计划的工具和技术：

1. 专家判断；

2. 引导技术。

项目管理计划的输出：项目管理计划。

四、指导与管理项目执行

为了保证项目目标的实现，领导和执行项目管理计划中所确定的工作，并实施已经批准的变更过程，项目管理计划在执行过程中的任务有：

1. 纠正措施：对那些实际已经出现的偏差予以纠正；

2. 预防措施：针对将来可能会出现的偏差加以预防；

3. 缺陷补救：对存在质量问题的项目进行补救；

4. 更新：对已经给予批准的项目文件或者计划等进行变更，来反映修改或者增加的意见或内容。

指导与管理项目工作的输入：

1. 项目管理计划；

2. 批准的纠正措施：让项目绩效与管理计划保持一致所必需的授权指导文件；

3. 批准的预防措施：为了降低项目风险，导致产生负面后果可能所需要的授权指导文件；

4. 批准的变更请求：对项目修订的变更授权文件；

5. 批准的缺陷修复：对项目缺陷予以纠正的授权指导文件；

6. 确认缺陷修复书：缺陷修复后，经再检查做出的接受或拒绝的通知；

7. 管理收尾工程：管理收尾所需的活动、交互和相关角色的职责。

指导与管理项目工作的工具和技术：1. 专家判断；2. 项目管理信息系统；3. 项目管理方法论。

指导与管理项目工作的输出：1. 可交付的成果；2. 工作绩效数据；3. 变更请求；4. 项目管理计划更新；5. 项目文件更新。

五、监督和控制项目工作

监督和控制项目工作是跟踪、审查和报告项目进展，来实现项目管理计划目标的过程。

监督和控制项目工作的输入：1. 项目管理计划；2. 工作绩效信息；3. 被拒绝的变更申请。

监督和控制项目工具与技术：1. 项目管理方法论；2. 项目管理信息系统；3. 分析方法：根据可能的项目或环境的变化，以及它们与其变量之间的关系，采用分析技术去预测潜在的后果；4. 专家判断；5. 挣值管理。

监督和控制项目工作的输出：1. 变更请求、包括纠正措施、预防措施和缺陷补救；2. 工作绩效报告；3. 项目管理计划更新；4. 项目文件更新。

六、整体变更控制

实施整体变更控制过程贯穿整个项目的始终，在项目的各个阶段都会存在，项目的任何干系人都可以提出变更请求，所有的变更都必须以书面的形式记录下来，并纳入变更管理以及配置管理的系统中。

实施整体变更时要审查所有变更的请求，是批准或否决变更，管理对可交付成果、组织过程资产、项目文件和项目管理计划的变更，并对变更处理结果进行沟通的过程。

每一项记录在案的变更请求都必须由一位责任人批准或否决，这位责任人通常是项目发起人或项目经理，必要时，应该由变更控制委员会来决策是否实施整体变更控制过程。

实施整体变更控制的输入：1. 项目管理计划；2. 工作绩效信息；3. 变更申请；4. 环境和组织因素；5. 组织过程资产。

实施整体变更控制的工具与技术：1. 项目管理方法论；2. 项目管理信息系统；3. 挣值管理；4. 专家判断；5. 变更控制会。

实施整体变更控制的输出：1. 变更请求状态更新；2. 项目管理计划更新；3. 项目文件更新。

七、项目收尾

项目收尾是完成并结束所有项目管理过程组的所有活动，是正式项目或项目阶段的过程。

项目收尾的输入：1. 项目管理计划；2. 验收的可交付成果；3. 组织过程资产。

项目收尾的工具与技术：1. 项目管理方法论；2. 项目管理信息系统；3. 挣值管理；4. 专家判断。

项目收尾的输出：最终交付的产品、服务或成果移交。

通过项目收尾来总结经验教训，正式结束项目工作，为展开新工作而释放组织资源。

7.1.3 项目整体管理案例

某设计院决定让下属公司承包一个工程项目，由于没人具备项目经理的择选标准，于是设计院决定联合各部门的负责人，从内部选定一位项目经理，并对其进行培训。

这些公司部门的负责人，都对公司的特点以及所承接项目的管理机制有很深的了解。因此，他们也都知道应当如何根据公司的特点，开展创新性项目管理机制的制定与探索，提高工作效率和提升技术层次，使公司项目管理机制有效、有秩序地运行。

在一番选拔后，鲁杰（化名）被选为该工程项目的项目经理。鲁杰深知，提高院基础公司的市场综合竞争力和高效管理项目的能力，是院基础公司项目管理机制的发展方向。而现在，公司的项目管理机制是以承包模式经营和管理的，存在着以下问题：

1. 承包人经营和管理存在的局限性

公司承包人，个人对市场占有率的增长到达一定的容量之后，趋于饱和再难增长，随着市场竞争的激烈程度的增加，需要一个院技术和经营整合的合力共同经营市场。

公司由于片面追求利润，对长远发展不重视，对于技术人才的引进和培养只重视眼前利益，没有发展的眼光，也很难招揽技术人才和留住技术人才。公司的命运和发展过分依赖承包人的能力和水平，公司人员的前途和利益也维系在承包人身上，整个公司的资源为承包人所控制和支配，使承包人一权独大，让公司在经营和管理上失去话语权，更严重的会导致公司承包人和骨干人员有可能另起炉灶，产生和设计院分庭抗礼、分享市场的局面。

2. 公司其他技术人员的积极性普遍不高

公司承包的管理经营模式，对公司其他技术人员的经营和管理有局限性，没有明确的利益关系，仅做到做好分内被安排的工作，普遍没有经营市场和项目管理的积极性和可能性。公司的整体技术、资源和团队能力得不到充分发挥，也扼杀了其经营和管理积极性、主动性，对于其他技术人员的技术、经营和管理能力的全面成长有约束作用。

3. 院与公司利益划分存在矛盾

由于公司承包管理模式的原因，设计院不好过多干涉和指引公司的经营和管理，只是按比例分成，公司也不愿意接受过多的管理，往往出现院宏观的发展方向和管理目标与公司不一致，形成不同步运行和政令不通畅的情况，进而影响院整体发展的方向。在资金的使用上，也出现重复投资现象，设备的投入也各自为战，形成资源浪费。产生院整体资金整合性差、规模小的现象。

4. 院整体资源、资金、信息和技术力量分散形不成合力

院各部门的业务是建筑业产业链上下游的不同业务环节，但从资源、资金、信息和技术方面都有千丝万缕的联系，公司承包的经营模式是一种自我封闭的形式，限制了院各业务间的资源、资金、信息和技术力量的全面整合和共享，难以形成院全业务整体经营和管理的模式。

5. 公司管理层级过多且管理效率低下

虽然公司的经营和管理是承包模式，但在管理层级上还延续院长、主管院长、公司经理、副经理和项目负责人的五个层级管理，反映出公司管理效率低下、反应速度慢、手续复杂的情况，其和新的管理学理论的扁平化管理方式的发展趋势背道而驰。

6. 公司财务管理混乱

公司各业务间的财务一直处于一体化管理，其状况混淆不清，公司各项业务的收入统一进财务大账，统一支配，未按项目划分，资金使用情况混乱。各业务没有预算和结算控制，造成只有总的财务盈亏情况，没有各业务、各子项的财务盈亏情况，各业务部门财务支出混乱。

7. 公司缺乏有效的绩效激励机制

公司各业务都没有明确的绩效激励机制，吃大锅饭的现象严重，严重影响了公司人员的工作积极性。工作效率低下，相互之间相互推诿，分配随意性大，并且不能按期到位，公司人员满意度差。

基于以上管理机制问题，鲁杰决定先从制定项目管理章程开始，决定在什么时间把多少工作量分配到相应的资源上，协调各项工作使项目整体上取得一个好的结构。争取在这些潜在问题出现之前，就予以积极处理解决。

制定好项目管理章程后，鲁杰将项目范围进行规划，并制作了项目范围说明书，将责任细分到了个人，制订出项目管理计划。

鲁杰知道，项目整体管理是项目管理的核心，项目团队需要在整体管理的指导下从事其他几个领域的管理。因此，项目团队得到整体管理是重中之重，也是能达到甲方或委托方要求的重要前提。

在制订好项目整体管理计划后，鲁杰就以此为纲领实施工程任务。因为他此次管理的工程项目是地质勘查项目，所以，他在与甲方沟通好费用后，根据建筑设计方案优化布置勘查点，合理安排好设备进场，运用科学的实验手段，认真制作勘察报告，细致三级校审，为甲方或委托方提供质量合格的地质勘查报告，在规定的时间内完成了项目并提供了优质的技术服务。

由于鲁杰项目整体管理部分制订得非常好，而且第二天就开始了整理和编制工作，这样的工序集成管理大大缩短了工期，并且提高了项目的工作效率和效益。公司在业界的声望逐渐升高，鲁杰也因此获得晋升，又接洽了几个不错的项目。

7.2 基准计划

7.2.1 项目范围管理

一、范围管理的基本概念

想要确定范围管理的基本概念，首先要了解“范围”的意思。根据 PMBOK（项目管理知识体系），“范围”在此所涉及的主要有两方面内容：产品范围与项目范围。产品范围指的是产品或服务所包含的特征或功能；项目范围指的是为交付具有规定特征和功能的产品、服务或成果所必须完成的工作。由此可见，产品范围决定了项目范围。

范围管理是为了保证实现项目的目标，对项目要求的工作内容进行控制的管理过程。它所包含的程序能够确保覆盖项目的整体工作要求与单项工作要求。其基本内容包括：启动阶段、范围计划、范围界定、范围核实、范围变更控制等，见表 7-1。

表 7-1　项目范围管理的基本内容

	启动阶段	范围计划	范围界定	范围核实	范围变更控制
输入	1. 产品说明 2. 战略计划 3. 项目选择标准 4. 历史资料	1. 产品说明 2. 项目证书 3. 制约因素 4. 假设	1. 范围阐述 2. 制约因素 3. 假设 4. 其他规划成果 5. 历史资料	1. 工作成果 2. 产品文件	1. 工作分析结构 2. 执行报告 3. 改变要求 4. 范围管理计划
工具与技术	1. 项目选择方法 2. 专家评审	1. 产品分析 2. 利润 / 成品分析 3. 可选择的鉴定方式 4. 专家评审	1. 工作分析结构样板 2. 分解	检验	1. 范围变化控制系统 2. 绩效测量 3. 附加规划
输出	1. 项目证书 2. 确认委派的项目经理 3. 制约因素 4. 假设条件	1. 范围阐述 2. 辅助说明 3. 范围管理计划	工作分析结构	正式验收	1. 范围变化 2. 纠正措施 3. 经验总结

产品范围的完成是参照产品的要求来衡量的，而项目范围的完成情况则是参照项目计划来进行检验的，此两种范围管理间必须很好地结合，以确保项目的具体工作能够取得预定的成果，并按要求准时交付。

二、范围计划

范围计划是编制一份书面范围说明报告，作为未来项目决策的基础，特别是用以确定项目阶段是否已成功完成的标准。

范围计划的编制是将项目范围逐步明细化和归档的过程。编制范围计划需要参考诸多信息，最基础的是必须事先清楚项目最终产品定义为何，这样才能明确项目范围的主体内容。对于项目章程（例如项目合同）的把握，有助于将范围计划在此基础上进行更深入、细化的编制。

范围计划的编制过程是确定项目范围并编写项目说明书的过程，它通过确定项目目标和主要可交付成果，明确项目的具体要求、界定项目工作范围、拟定项目里程碑，来为项目团队与项目客户之间达成共识奠定基础。

项目范围说明书是项目干系人之间确认或建立一个对项目范围的共识，作为未来项目决策的文档基准。随着项目的不断推进，范围说明书可能需要根据范围的变化而进行修改或精确。

项目章程中已经囊括了项目目标和主要可交付成果，范围说明书可以将其作为参考依据，直接分析得出。

对项目范围说明书的编写要求是，必须清晰、准确地阐明项目目标、可交付成果以及要求。

项目范围的主要内容有：

1. 项目合理性说明。其主要是解释实施该项目的目的，同时也为将来评估各种利弊关系提供了基础。

2. 项目目标。它是项目所要达到的期望产品或服务，并确定了成功实现项目所必须满足的定量标准，比如成本、时间进度以及质量标准等。需要注意的是，项目目标必须要有标志（如成本、计算单位）、绝对值或是相对值。如此，在项目完成时，才能用事先设定好的标准来向客户表明项目目标是否均已达到。

3. 项目可交付成果。它标志着项目阶段性或项目整体完成。

三、范围界定（WBS）

项目范围计划完成后，下一阶段就是明确具体要做的事情。通常情况下，一个项目的完成是相当复杂的过程，只有将主要的可交付成果分成若干个容易管理的单元进行，才能高效地完成项目，由此得出工作分解结构（WBS）。

WBS 简单来说就是将主要的项目可交付成果分成更小的、更易管理的单元，再把这些单元工作在整个项目中的位置以及相对关系用合适的图形表示出来的方法。

创建 WBS 的依据是范围计划、范围说明书、需求文件、事业环境因素以及组织过程资产。

WBS 的主要步骤：

1. 先识别和分析项目的主要可交付成果及相关工作；

2. 确定工作分解结构以及编排方法；

3. 自上而下逐层细化分解可交付成果的组成元素；

4. 为工作分解结构组件制订和分配标识编码；

5. 核实分解的正确性。

WBS 的主要目的与用途：

1. 组织并明确项目的总范围；

2. 规定各单元的人员分配以及这些人员的相关职责；

3. 针对各单元进行时间、费用和资源需要量的估算；

4. 确定项目进度测量和控制的基准。

对于实际项目，尤其是较大项目而言，在进行工作分解时，需要把握分解的细致程度。过细的分解容易造成管理的无效耗费、资源的使用率低下以及工作效率的降低；过粗的分解又不利于工作的规划与管控。

四、范围核实

项目范围核实是正式验收已完成的项目可交付成果的过程。

范围核实需要检查可交付成果是否在项目范围内，它所指的是通过与客户的实时沟通来确保项目需求的更新，再以此来核实可交付成果的范围，以确保产品正确圆满地完成。

要注意的是，范围核实不同于质量控制，前者主要是针对工作结果的验收，后者则是侧重工作结果的正确性以及是否满足质量要求。

在实际工作中，如果项目被提前终止，那么范围核实应当对项目完成程度进行文档建立。

五、范围变更控制

范围变更控制顾名思义就是对项目范围的变化进行控制，它是监督项目和产品的范围状态，管理范围基准变更的过程。

常言道“计划赶不上变化”，在实际工作中，项目范围的变更不可避免，而对范围变更的控制就是为了避免实际交付物与要求变化后的交付之间出现偏差。

范围变更控制的依据是管理计划、需求文件、需求跟踪矩阵、工作绩效数据以及组织过程资产。

偏差分析是范围变更控制的工具，它是一种确定实际绩效与基准的差异程度及原因的技术。

需要注意的是，范围变更控制应当使全过程与其他控制过程结合起来，如时间控制、费用控制、质量控制等。

7.2.2 项目时间管理

一、项目时间管理概述

项目时间管理是项目管理的重要内容之一，它所强调的是在规定的时间内，制订出科学合理的工作计划。在执行计划的过程中，需要实时对工作进度进行监督，并定期或不定期地对实际进度进行检查，一旦出现偏差，应及时查找原因，且采取必要的补救措施对原计划进行修改或调整，直至项目最终完成。

时间管理的主要工作包括六个阶段：定义项目活动、对活动进行排序、估算活动工期、资源共享分配、安排进度表、监督项目进度（见图 7-3）。

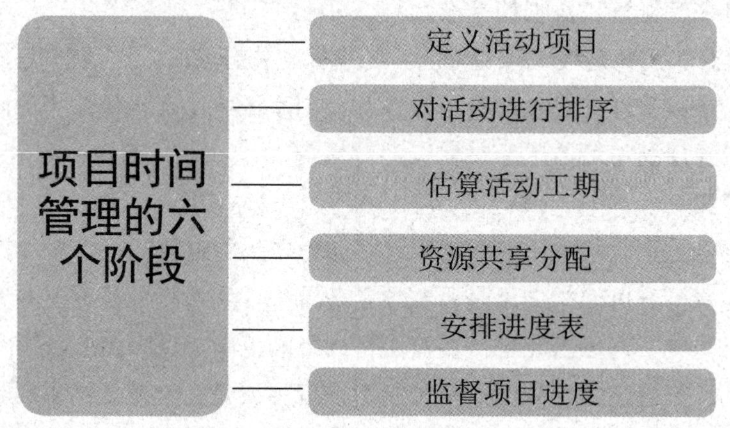

图 7-3　项目时间管理的六个阶段

二、定义活动

定义活动是建立在工作分解结构的基础上，对已确认的项目工作进一步定义，从而明确提交项目各种应交付成果所必须进行的具体工作的时间管理。

定义活动的依据是管理计划、工作分解结构及词汇表、范围说明书、事业环境因素以及组织过程资产。

定义活动的成果是确定项目活动清单、里程碑清单以及请求的变更。

三、排列活动顺序

工作定义之后，就要安排其先后顺序。在活动清单的基础上，确定项目活动之间的依赖关系、工作顺序。

活动排序的决定因素包括：活动内在的客观规律、工艺要求、场地限制、资源限制以及项目实施作业方式的要求等。

活动之间的关系主要有两个方面：一是强制性依赖关系，即活动内在的客观规律；另外一个是可自由处理的依赖关系，它所指的是项目团队内部的特殊顺序和优先逻辑关系。

活动排序的工具与技术：

1. 网络图，其绘制方法有前导图法（用节点表示活动）、箭线图法（用箭线表示活动）。

2. 计划网络样板，是在编制项目计划活动网络时，利用已形成的标准化的项目进度网络图，如此可以减少工作量，提高工作效率。

四、估算活动资源

估算活动资源就是确定在实施项目活动时准备何时使用何种资源用于项目计划活动。

估算活动资源的依据是活动清单及其属性、活动的相关信息、资源的可利用情况以及其他方面。

估算活动资源的工具与技术包括已出版的估算数据、专家判断、多方案分析以及自下而上估算法。

估算活动的成果是明确活动资源需求、建立资源分解结构、更新资源日历以及跟踪请求的变更。

五、估算活动持续时间

项目中所有工作进度所需的时间都是在考虑到人、财、物等因素的情况下推算出来的。

活动持续时间的估算是项目计划制订的一项重要的基础性工作，其主要利用有关计划活动的工作范围、必要的活动资源和需求量以及资源日历来进行活动持续时间的估算。

活动持续时间估算的长短对整体活动的完成具有直接影响，时间估算太短，会给项目的各项工作造成被动、仓促的局面；时间估算太长，则会造成整个工期的延长，进而耗费不必要的资源。

估算活动持续时间的数据基础包括工作详细列表、历史信息、项目约束和限制条件、资源的需求情况以及资源配置。

估算活动持续时间的工具与技术主要有专家判断、类比估算法、参数估算法、三点估算法以及后备分析等。

专家判断就是召集具有专长和特殊经验的工作人员，根据所掌握的知识和经验来估算工作时间。

类比估算法是通过借鉴与之前类似的实际项目所用的工作时间来推算当前项目各工作所需的时间。类比估算法可以看作专家判断的一种形式。在项目详细信息已知的情况下，类比估算法是一种最为常用的方法。

六、制订进度计划

制订进度计划是根据时间管理的前几个阶段的结果来进行分析编制的，其对每项工作的起止时间加以明确规定，它是项目实施阶段的行动指南与进度控制的有效手段。

制订进度计划的常用方式有：项目里程碑计划与滚动式计划。

设立项目里程碑是制订进度计划的重要部分，它是项目成功的重要因素。其编制步骤为：

1. 从项目的最终成果开始反向进行。

2. 一般情况下，项目会被分成各个阶段，而具体该如何设置里程碑，则需采取对应的方法来加以确定。最常见的里程碑设置方法为“头脑风暴”。

3. 反复复查里程碑的设置。

4. 以图表的形式编制里程碑计划。

滚动式计划是目前项目管理中最先进的计划编制方法。它是在编制计划前以及项目各阶段进行中，组织人员尽可能多地收集项目的必要信息，在此基础上来确保项目计划的准确性。其初始只是一个粗线条的计划，随着项目的不断推进，且每次新的评估都会与最终结果无限接近，这样项目的范围和目标会变得更加明确，如此再自上而下制订出更加详细的计划。

滚动式计划注重所掌握信息的可靠性与可行性，其目的是控制和节约时间。

七、控制进度

项目在实施过程中，由于各种因素的影响，往往会造成实际进度与计划之间出现偏差，所以要对项目实际进度与基准的进度计划进行实时比较，一旦出现偏差，就必须采取纠偏措施，以确保项目的实施朝着预定的方向发展。

项目时间控制的依据有项目时间计划、项目进度报告、进度管理计划、批准的变更请求。

项目时间控制的方法主要有两种：跟踪检查与进度对比。

跟踪检查一般采取以下步骤：1. 定期收集进度报表资料；2. 对工程进展情况进行实地检查；3. 定期组织召开相关会议；4. 及时调整实际出现的情况，为之后提供依据。

进度对比法是通过实际进度与基准的计划进度的对比，来确定偏差，从而对实际进度进行调整。其常用的方法有横道图（甘特图）对比法、S 曲线比较法以及进度前锋线比较法。

7.2.3 项目成本管理

一、项目成本管理概述

项目成本管理为了保证完成项目的实际成本、费用不超过预算成本，它包括成本规划、成本估算、成本预算、成本控制四个过程，见图 7-4。

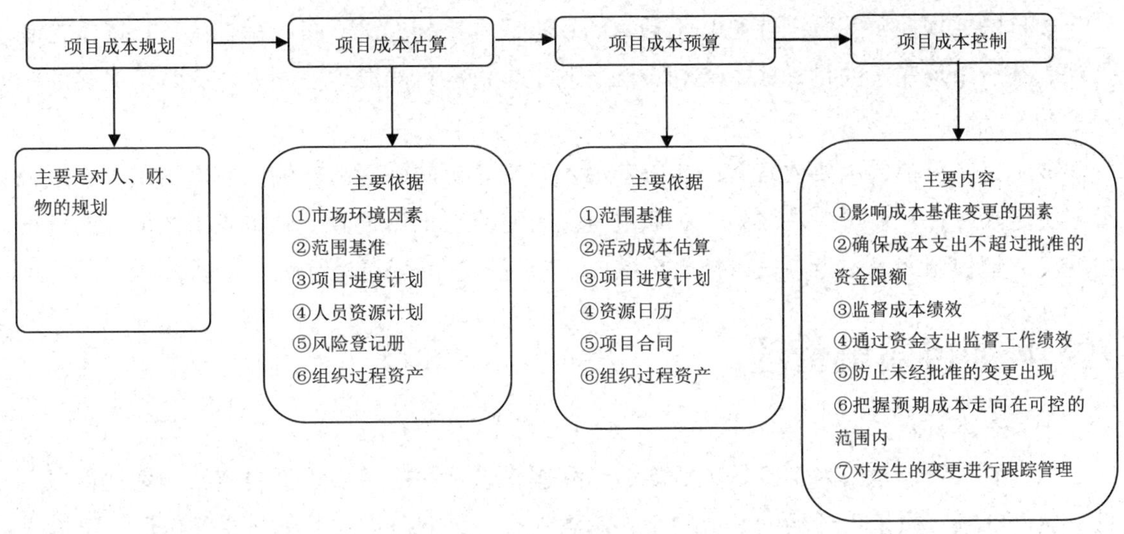

图 7-4　项目成本管理的过程

二、规划成本

规划成本主要是对完成项目的人、财、物的需要量进行规划，制订资源需求清单。

三、估算成本

项目成本估算，顾名思义就是对所需资源进行成本估算。其主要依据有：

1. 市场环境因素；2. 范围基准；3. 项目进度计划；4. 人员资源计划；5. 风险登记册；6. 组织过程资产。

项目成本估算的工具与技术有：

1. 类比估算；2. 自下而上的估算；3. 参数估算；4. 三点估算；5. 项目管理软件；6. 供货商投标分析；7. 准备金分析；8. 质量分析；9. 专家判断。

四、制订预算

制订预算就是将成本估算配置到项目的各个单项工作中，建立一个经批准的成本基准计划。

制订预算的主要依据包括：

1. 范围基准；2. 活动成本估算；3. 项目进度计划；4. 资源日历；5. 项目合同；6. 组织过程资产。

制订预算的工具与技术：

1. 成本汇总；2. 储备分析；3. 历史信息；4. 资金限制；5. 专家判断。

制订预算的主要成果有确定成本绩效基准、明确项目资金需求、更新项目文件等。

五、控制成本

有效地控制成本表现在对经批准的成本基准及其变更进行管理。

项目的成本控制手段主要有基于预算的目标成本控制方法、基于标杆的目标成本控制方法、基于市场需求的目标成本控制方法、基于价值分析的成本控制方法、基于经验的成本控制方法。

成本控制包括的主要内容有：1. 影响成本基准变更的因素；2. 确保成本支出不超过批准的资金限额；3. 监督成本绩效；4. 通过资金支出监督工作绩效；5. 防止未经批准的变更出现；6. 把握预期成本走向在可控的范围内；7. 对发生的变更进行跟踪管理。

7.2.4 项目质量管理

一、基本概念

项目质量管理是指为了确保项目能够达到原来设定的质量要求所实施的一系列管理活动。良好的项目质量管理活动是取得令人满意的产品、服务以及其他成果的保证，可以说项目质量管理决定了项目成果的质量。

随着社会的进步，人们对质量要求不断提高，质量管理也在不断地完善，而项目质量管理属于一般质量管理的范畴。美国著名质量管理专家约瑟夫·朱兰博士将质量管理概括为“质量策划、质量控制和质量改进”三个阶段，这三个阶段被称为“朱兰三部曲”。

二、质量策划

在国际标准 ISO9000：2005 中对质量策划的定义是质量管理的一部分，致力于制定质量目标并规定必要的运行过程和相关资源以实现项目质量目标。项目的具体目标包括项目的性能性目标、可靠性目标、安全性目标、经济性目标、时间性目标和环境适应性目标等。

项目质量策划包括识别和确定必要的作业过程，配置所需的人力和物力资源，是以确保达到预期的质量目标所进行的周密考虑和统筹安排的过程。其依据是：质量方针、范围说明书、成果说明书、标准和规范、其他过程的结果。

项目质量计划是质量策划的结果之一，它是指为确定项目应该达到的质量标准和如何达到这些项目质量标准而做的项目质量的计划与安排。项目质量计划的成果包括：项目质量计划、项目质量说明书、质量检查清单以及可用于其他管理的信息。

项目质量策划的一般步骤为：设定质量目标；明确质量管理工作；根据客户需求开发产品特性；编制项目质量管理，见图 7-5。

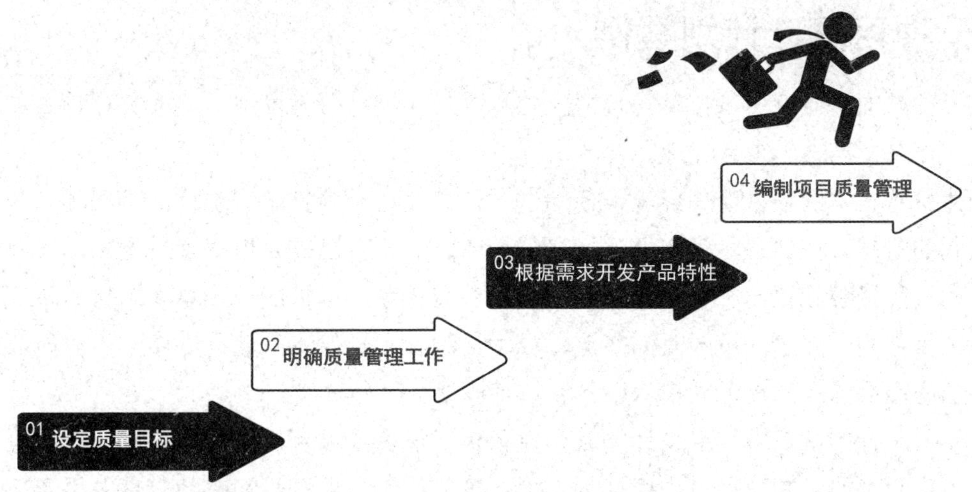

图 7-5　项目质量策划的一般步骤

三、项目质量保证

质量保证在国际标准 ISO9000：2005 被定义为：质量管理的一部分，致力于提供质量要求会得到满足的信任。也就是说是为了使人们确信产品或服务能满足质量要求而在质量管理体系汇总实施并根据需要进行证实的全部有计划和有系统的活动。

项目质量保证的主要依据是：质量管理计划、质量控制测量结果以及度量标准。

四、质量控制

项目质量控制是指为达到质量要求所采取的作业技术和活动。质量要求需要转化为可用定性或定量的规范表示的质量特性，以便于质量控制的执行和检查。

项目质量控制按实施者不同而分为三类：客户方的质量控制、政府方的质量控制以及项目组织内部的质量控制。

项目质量控制的原则：坚持质量第一；坚持以人为控制核心；坚持质量标准；贯彻科学、公正、守法的职业规范。

项目质量控制的依据：项目质量管理计划书、项目质量管理计划说明文件、项目质量控制标准、项目质量检验报告、项目组织程序和绩效考核等信息、项目变更单、项目成果质量和项目质量控制等信息文件和资料。

五、质量改进

质量改进在国际标准 ISO9000：2005 术语中被定义为：质量管理的一部分，致力于增强满足质量要求的能力。项目质量改进同样是项目质量管理的一部分，其主要致力于增强满足项目质量的有效性、效率、可追溯性等方面的能力。

7.2.5 项目基准计划案例

某设计院的基础公司承接了一项岩土工程项目，经过一番推选，之前有项目管理经验的李建（化名）当选为项目经理。

李建有着丰富的项目管理经验，他知道，若想让工程项目顺利实施，就必须进行项目管理机制的规划。在熟悉各种问题、构建管理团队后，自己需要根据项目的实际情况和基础公司的各种资源配置情况，制订合理的项目进度计划、项目成本预算和项目质量规划，以保障项目顺利、有序，按照时间节点、成本控制和质量保障开展，为甲方提供能够满足技术要求的高质量、高水平的技术服务和技术成果。

首先要制订的就是项目进度计划。李建承接了很多次项目，因此，他知道设计院基础公司每个项目都要求制订项目进度计划。项目进度计划是项目时间有效管理的重要环节，其要有科学合理的项目进度计划的制订，同时还要具备合理有效的项目进度计划控制措施，来保证项目按计划如期开展和完成。

这次的工程项目，李建打算根据以下两个方面内容来制订项目进度计划：

1. 根据项目开展工期估算文件来制订项目进度计划

其主要依据有项目开展清单文本和说明文件；项目开展顺序的工作安排和项目网络计划图表；项目开展资源需求文本和说明文件以及供给情况；项目开展过程中的各自制约因素和预设条件；项目任务说明书的项目范围条件和项目集成管理规划。

2. 根据项目其他方面的依据和相关信息来制订项目进度计划

项目开展工期估算，可以参考和依据已完成的类似项目的时限和信息制订，另外项目风险信息的风险评价和预估也决定着项目开展工期估算的制订。

项目进度计划制订的方法有很多种，但他必须根据项目的内容和实际情况，灵活地确定项目进度计划的制订。为了让项目更好实施，他决定跟项目管理层的其他具体负责人商议一下。

赵鹏（化名）是工程部总负责人，他给李建提出七种方法，供李建决策。

1. 项目的关键路径法

其方法的基本参数和内容有：项目的开展和完成时间；项目最早开展和完成时间和最迟开展和完成时间；寻找出项目开展的关键路径。

2. 项目的情况分析法

依据制订项目开展的预设条件，通过对不同项目的情况分析和预设来制订出不同的项目进度计划，通过反复对比来确定最佳项目进度计划。

3. 项目的资源配置法

所有项目的开展，都受到各种项目需求资源的约束和制约，其是通过将约束和制约项目开展的最稀缺和最重要的各种资源，优先配置给项目开展最关键路径的方法来制订项目进度计划。

4. 项目的核心链法

其方法是在项目开展的关键路径上，找到项目开展的核心链，并将其作为项目管理和各种资源配置的重要环节，而优先配置重点管理，确保项目开展的关键路径环节，按项目进度计划准时完成，从而保证项目开展的整体进度，其也是按照各种资源限制和合理配置来制订项目进度计划的。

5. 项目的进度压缩法

其是通过协调项目开展的工期和成本的关系，以较小项目成本得到较大项目工期压缩的方法，这样既压缩了项目开展过程的时间，又不影响项目任务书的项目范围条件，其技术方法是速成法和搭接作业法。

6. 项目管理电脑辅助法

其方法是使用计算机和其管理软件辅助管理和协同管理项目开展全过程，从项目关键路径法或项目的资源配置法出发，计算机辅助编制多个项目进度计划，供项目经理选择出一个最佳的项目进度计划。

7. 项目的其他方法

其方法包括项目编码结构法，把项目的每个子项进行编码，使整个项目按一定结构进行整体编码，所有的项目过程都按编码检索和控制，从而达到项目进度计划的智能化和程序化管理。

当赵鹏把七种方法摆在李建面前时，李建思索再三，决定使用项目的资源配置法，通过将项目开展所需资源，优先配置给项目开展最关键路径的方法来制订项目进度计划。

工程项目三要素，就是时间、质量和成本。李建有把握在规定时间内，在保证质量的基础上完成工程。只是成本方面，他还需要具体思考一下。

设计院基础公司项目的成本管理是非常重要的环节，是其保证项目利润的关键所在，做好项目的成本预算是项目成本控制最关键的要素，也是衡量项目成本管理最重要的工作内容。联想到自己曾经做过的工程地质勘查项目和工程基础检测项目，都是技术服务性项目，而这次的岩土工程项目既有技术服务性，又有工程实施的项目。

李建找来了之前的项目资料，发现工程地质勘查项目的成本预算由以下几个方面构成：项目组成员的工资和奖金为 35%，设备租赁费、钻探费为 30 ～ 40 元 / 米，土工实验费和人员报酬为 15 元 / 米，项目的耗材费用、项目经营费用为 10%，不可预见费、院管理费用为 12%，基础公司管理费用为 15%，基础公司发展基金为 2%，基础公司项目安全基金为 3%，税金为 9.2% 等。

而工程基础检测项目的成本预算由以下几个方面构成：项目组成员的工资和奖金为35%，设备租赁费、现场检测费、项目的耗材费用、项目经营费用为10%，不可预见费、院管理费用为17%，基础公司管理费用为17%，基础公司发展基金为3%，基础公司项目安全基金为3%，税金为6.2%等。

最后，他决定将岩土工程项目的成本预算控制在技术设计部分项目成本预算按项目收费的20%计取编制，由项目组成员的工资和奖金为35%，项目经营费用为10%，项目的耗材费用、院管理费用为12%，基础公司管理费用为15%，不可预见费和税金为9.2%等构成。

工程施工部分，作为工程项目承包单位基础公司，岩土工程项目组要编制项目预算，项目甲方也要委托第三方编制项目成本预算，以方便在工程招标过程中作为参考和依据。同时，还要为工程临时聘用人员上各类保险费用。另外，按项目收费的20%计取预留，基础公司发展基金为3%、基础公司项目安全基金为3%。

制订好项目成本管理后，李建擦了擦汗，露出了笑容。看来，这次的工程项目也可以顺利实施了。

7.3 资源的协调、优化配置

7.3.1 项目人力资源管理

随着社会不断发展，人力资源逐渐成为企业关注的重点。当然，工程项目也不例外。近年来，越来越多的项目经理开始关注管理方面的思想和方法，人力资源管理方面的问题逐渐成为影响项目成败的主要问题。一项工程能否顺利实施，主要是人力资源部分起着不可或缺的作用，因此，其重要功能也越来越被人们认可。

项目人力资源管理，就是为了保证所有项目关系人的能力和积极性都得到最有效的发挥和利用所做的一系列管理措施。它包括组织的规划、团队的建设、人员的选聘和项目的班子建设等一系列工作。项目人力资源管理是一种管理人力资源的方法和能力。

前面已经提到了，“人”的因素在一个项目中是最为重要的，毕竟不管什么类型的项目，都少不了要用人工来完成所有活动。那么，项目管理层如何充分发挥“人”的作用呢？这就是个非常值得探讨的问题了。人力资源管理所涉及的内容，就是通过合理分配人力，充分发挥“人”的作用。下面我们来具体解读一下。

一、规划人力资源管理

规划人力资源管理，最重要的方法就是“排兵布阵”。也就是说，要合理分配工程项目中每个人的角色、职责和管理。在进行项目计划编制时，项目经理需要参考项目人力资源的需求项，同时还要参考各个部门、岗位之间的联系，这种关系又称项目界面。

项目界面，具体包括组织界面、人际关系界面和技术界面等。一般采用的管理方法包括人力资源管理的惯例、分析项目干系人的需求，以及参考类似项目的模板。

在组织计划编制完成后，项目经理必须明确以下两方面的任务：

1. 角色与职责的分配

项目角色与职责的分配，是项目管理尤其是工程项目管理中必须明确的要点。如果一个项目的角色与职责分配不清，就很容易造成同一项工作由多人负责导致责任弱化，或根本没人负责的情况，这最终将影响工程进度的发展，影响工程项目目标的实现。

为了让每项工作都可以顺利进行，那就必须将每个任务具体分配到小组甚至个人，在制订项目计划时，就要明确不同的小组或个人在具体工作中的职责。而且，需要注意的是，每项工作必须只有唯一的负责人或负责小组，这样才能让责任最大化。

同时，由于项目中各个角色与职责可能会随时间的变化而发生改变，项目经理必须在结果中明确这层关系。表示这部分内容最常用的方式为“职责分配矩阵”。对于大型项目，则在不同层次上，对职责分配矩阵进行编辑。

2. 人员配备管理计划

它主要描述了项目管理机构在什么时候，需要怎样的人力资源。为了让这部分内容更清晰地表达出来，项目人力资源管理部门通常会使用直方图，其具体包括以下几部分：

人员招募。项目人力资源管理团队在招募团队成员时，就应该考虑以下几点问题：招募的成员是来自组织内部还是外部？成员有足够能力进行任务吗？成员需要固定的工作地点吗？成员的专业技能如何，是否需要培训？项目人力资源部门能给成员提供什么样的支持？

人员遣散计划。项目人力资源部门需要事先与成员确定，由于工程的特殊性，团队不是永久的而是临时组建的，人员遣散问题是迟早要面对的问题。如果能在适当的时候，让已经完成任务的成员离开团队，一方面不耽误成员再次寻找工作，另一方面也可以节约工程成本。

培训需求。如果招募到的成员没有很强的专业技能，或者工程所需技能具有特殊性，那人力资源部门就要考虑对成员加以培训，培训计划也是项目计划的重要组成部分。

认可与奖励。激励制度是人力资源部门必备的手段之一，如果能在项目计划时就将奖励制度与惩罚机制明确，就可以加强员工们的工作积极性，保证工程任务可以按期完成。

但若想奖惩制度得以顺利实施，项目人力资源部门就要做到言出必行，且赏罚分明。如果无功却赏，无过却罚，那奖惩制度就形同虚设，反而会激起员工的强烈不满。

合规性与安全性。项目人力资源部门需要为成员配备一系列的管理计划，以确保成员遵守相关法律法规，针对安全隐患问题，项目经理也要做重点强调，并把为项目团队成员的安全而制定的政策和规定列入人员管理计划和风险清单内。

二、组建项目团队

在确定项目机构在什么时候需要什么样的成员后，接下来需要做的就是组建一个项目团队了。也就是说，现在是正式“招兵买马”的环节。项目人力资源部门需要针对设定的岗位，从内部选拔或外部招聘一系列项目成员。

一般来说，工程项目部需要以下岗位：项目经理（安全监理），项目副经理，项目总工程师，生产经理，协调部、合约部、工程部、质量安全部、技术部、设计部、物资设备管理部等主要领导及部门成员。

其中，项目经理需要 1 人，其余岗位则无具体人员限制，但出于责任落实到个人的理念，每个部门都要选出一位总负责人。

当然，由于工程的不同，具体到每个工程项目所需的具体职位也不尽相同。在实际操作中，要结合不同的工程项目，设置需要的职能部门。比如建设桥梁的工程项目与建造商品房的工程项目就不一样，建造隧道的工程项目与建造铁路的工程项目也不一样。项目人力资源部门需要根据人员的具体配备管理计划，以及工程需要的人员特殊性进行招聘。

当结束这部分工作后，项目人力资源管理部门需要列出具体的团队清单，上面有项目各个部门的人员分配。在清单列出后，下面需要的就是建设项目团队了。

三、建设项目团队

俗话说，“团结就是力量”，项目团队是由来自不同地方、不同岗位的成员组成的，大家为了实现同一个工程目标，需要彼此间协调工作。项目团队工作是否能有效进行，就是项目能否成功的关键因素，而项目团队工作能否有效进行，关键看项目团队建设的成功与否。

团队建设涉及许多方面的工作，比如团队士气的激励、团队文化的建设、团队能力的建设、团队成员的竞争建设等。

通常情况下，临时组建的项目团队会很复杂，因为团队成员个人发展是项目团队建设的基础，但工程项目却没有多长时间能照顾到每个成员的个人发展。因此，能否建设好一个项目团队，项目经理的责任重大。

为了将项目团队建设成优质团队，项目经理可以采用以下几种方式：

团队建设活动。团队建设活动，通常是指为了提高团队的运作水平，而专门进行的管理措施。比如安排一些聚餐、活动和旅行，可以有效促进成员间的交流和沟通；在召开管理层会议时，可以选出几位员工一同参与，及时发现与处理工程方面的问题和冲突等。

绩效考核与激励。这是项目人力资源管理中最常见的团建手法，项目人力资源部门可以通过绩效考核，对项目团队成员的工作业绩进行评价，以此来反映出每名成员的实际能力，以及对相应工作岗位的适应程度。激励手段是科学的管理手段，也是能满足和激发员工行为的方法。通过绩效考核与激励制度，能让成员们充分发挥潜能，让工程得以顺利实施。

集中安排。将项目团队集中安排在一起，可以提高整体的运作能力。沟通能在各种项目中起到重大作用。如果项目成员在不同地点办公，势必会让沟通不能有效进展，影响团队目标的实现。因此，项目人力资源部门设置一个“作战室”是十分有必要的。通过集中在一个地点、就一个任务进行突破可以鼓励各部门间员工的交流，有效提高工程效率。

培训。培训的意义就在于提高项目团队的个人技能和整体技能。培训可以是正式的，也可以是非正式的。正式培训通常会采用教室培训理论知识，或直接上工地进行施工培训；非正式培训则可通过施工项目前辈的反馈和言传身教，让现有工程项目成员受教。如果工程项目团队缺乏必要的技术，就会导致工程进度延缓，因此培训在团队建设中是非常有必要的。

在项目人力资源管理中，团队建设的成功与否，可对工程项目的成败起到直接作用。如果团队成员间关系紧张，尔虞我诈，就会影响工程项目的实施。因此，建设优质团队对于项目人力资源部门来说，是很有必要的。

四、管理项目团队

管理项目团队，指的是项目人力资源管理部门，需要肩负起管理团队各个成员按照其职能工作，协调成员一致，实现预期项目目标等责任。

一般来说，项目管理团队需要依次经历初创期、磨合期、规范期、成熟期和解散期这五个阶段，这五个阶段与项目的生命周期是同步的。管理一个项目团队，是项目经理与项目管理层的共同责任。那么，如何才能有效管理项目团队呢？

若想管理好项目团队，必须坚持以下行动准则。经实践证明，这些都是能够保证工程项目成功的关键准则：形成相互交流沟通和召开有效会议的习惯；注重工作流程重塑；加强学习，与时俱进，持续发展；建立公认的约束条件；以客户为中心；健全问题处理机制；加强指导训诫；职责分明，分工明确，责任清晰；强化决策机制；具有明确的目标；及时高效地反馈信息。

管理项目团队具有重要意义。因为管理项目团队的目的，就是把团队建设成一个具有良好的氛围与环境的组织，可以让所有项目团队的成员，都为实现同一个工程项目目标而努力奋斗。因此，管理项目团队的重要意义如下：

1. 让项目团队的各个成员，都明确自己的岗位职责和共同目标，并且愿意为共同的项目目标精诚合作，增强成员间的吸引力、感召力与战斗力；

2. 项目团队的管理层要做到合理分工，促使成员间的协作，让每名成员在明确自己任务、权力和职责的同时，也明确与其他成员间的相互关系；

3. 在团队中建立共同的文化精神，加强团队凝聚力，让团队成员都能积极热情地为工程项目的成功付出时间与努力；

4. 加强团队建设，增强成员间的相互信任，加强成员间沟通，促进彼此认同感；

5. 实现各个成员间的有效沟通，在团队中形成一种开放、坦诚的气氛。

7.3.2 项目采购管理

对于工程项目来说，人力资源、成本和时间都是影响工程目标能否顺利完成的重要因素。而在成本方面，最灵活的成本部分就是采购。因此，进行良好的采购管理，可以让工程项目节约成本，从而在不影响工程进度的同时，将工程顺利完成。

项目采购管理，就是为了从项目实施组织之外获得所需资源或服务所采取的一系列管理措施。它包括采购计划、采购与征购、资源的选择以及合同的管理等项目工作。其具体包括采购计划部分、采购实施部分和采购完成部分三方面，见图 7-6，下面我们就来具体解读一下。

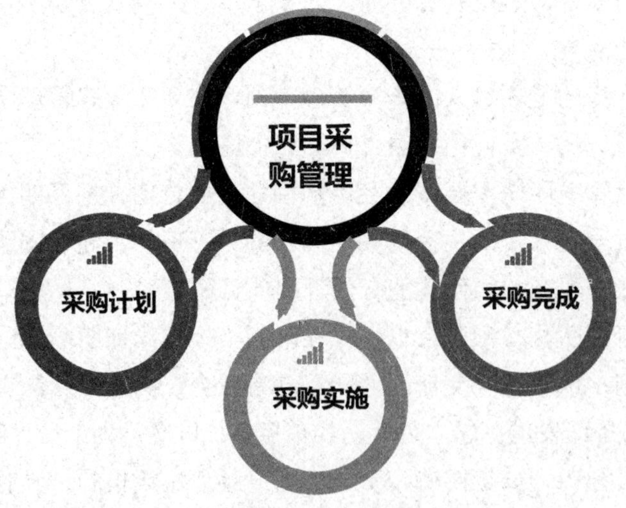

图 7-6 项目采购管理的三部分

一、采购计划管理

通常情况下，负责采购的管理人都会在采购之前制订一番计划分析，采购计划可以帮助管理人明确是否采购、采购什么、采购多少、如何采购和何时采购五方面的问题。因为在采购时，一些直接成本、间接成本和采购评标能力等都是影响采购成本的重要问题，所以，管理人在采购之前对这些进行计划是十分必要的。

项目采购的规划，是管理人在考虑了买卖双方的关系后，从采买者的角度来制订的计划。其细分下来，又具体包括识别项目采购目标、采购方式、采购依据等过程。一般来说，管理人在进行采购计划时，通常会问这样几个问题：

1. 在采购时，是自行采购还是委托代理采购？
2. 采购方式是总承包采购，还是分阶段，按照设计、施工和物资需要分别进行采购？
3. 工程方面的货物采购，是采用招标还是非招标？
4. 工程采购招标是采用公开招标，还是邀请招标？
5. 采购时是进行询价采购、竞争谈判采购还是直接采购？

这些问题都是影响采购管理计划制订的重要依据，在考虑好以上问题后，就需要制订采购范围说明书。范围说明书，是工程项目采购计划制订中必须考虑的重要资料，集合工程项目要求，范围说明书会对项目所需要采购的产品类目信息进行具体要求。

在范围说明书制订完成后，则需要考虑采购活动所需要的资源。如果没有专门的采购部门，项目管理团队将寻找外部资源和专业采购人，以便支持项目的采购活动。采购项目所需的材料是需要成本的，但采购活动本身也会产生成本，如车船费、餐费和话费等，都需计入采购成本中，这样才能让采购计划更加详尽。

完成以上计划制订时，采购管理人就应该考虑市场状况，比如现在市场上何种产品是可以直接买到的，何种产品是需要提前预定的。在采买时，何种产品需要去何处购买，以及采购时的条款和条件是怎样的等。

此外，由于项目采购存在一定的环境因素，会受到相关法律法规的制约。因此，采购管理人在进行采购活动时，需要面对不同的环境作出基本假设，让采购活动顺利完成。

工程项目的采购活动通常比较巨大，根据采购计划的分析结果，管理人可以专门建设采购部门，对组织采购的人力、潜在的供应商和采购文档等进行管理。根据工程项目需要，采购管理计划可以是正式的，也可以是非正式的，可以是详细的，也可以是概括的。

在制订采购计划时，采购管理人一定要明确“廉洁制度”，让所有的采购人员都遵守采购制度，自觉维护企业利益。在保证采购产品质量的情况下降低采购成本，不与供应商达成有损企业利益的“协议”。工作认真仔细不出差错，不给公司造成成本损失。自觉接受监督，增强法制观念，努力学习业务与市场信息。

二、实施采购

在采购计划制订完成后，采购管理人就可以着手进行采购活动了。在采购过程中，最重要的两个环节，就是与产品供应商的交涉，以及在保证产品质量的情况下，控制采购成本。

很多负责采购的人员都不太会与供应商接触，尤其是一些新人，总会在这个环节增加采购成本，为工程项目带来不便。那么，采购人员在实施采购的过程中，应该如何与供应商交涉，让工程项目的采购活动顺利进行呢？我们来具体解读一下。

1. 询价环节

所谓询价，就是指采购人员在可能合作的供应商处，获得谁最有资格完成工作的信息。在采购方面，这个过程的专业术语叫“供方资格确认”。供方资格确认环节，采购人员能获取信息的渠道主要有互联网等媒体、招标公告、行业刊物、供应商目录，以及约定专家为采购人员专门拟定的供应商名单等。通过这些渠道，采购人员可以一对一或一对多地进行询价，从而获得供应商的投标建议书。

2. 供方选择

在了解供应商以及询价后，采购人员就要进入供应商选择阶段了。在这个阶段，使用既定的评价标准来选择供应商是不错的方法。具体的评价标准有以下几种：

筛选方法：采购人员需要在心中有一个最低标准和最低价格，不满足这个区间标准的供应商也不必进行谈话，满足这个标准的供应商才可进行合同谈判。

合同谈判：采购人员与选中的供应商进行谈判，双方将彼此的要求开诚布公地交流，看意见能否统一、达成协议。这种就合同进行谈判的方式又称作“议标”。

加权方法：在采购过程中，采购人员需要将定性的数据量化，把人的偏见影响降到最低程度。不管供应商与采购人员有什么关系，都要公正公平地进行选择。不能因为关系近而开“后门”，也不能因为关系不好而将其拒之门外。这种方式又叫作“综合评标法”。

一般情况下，参与竞争的供应商不得低于三个。采购人员在选定供应商之后，可以与之多谈判，最后选出最优的供应商，买卖双方进行合同的签订。

3. 合同管理

在签订采购合同时，采购人员要明确，合同管理是为了确保买卖双方能够按照合同要求履行义务的过程，通常包括以下几个层次的协调：

敦促选中的供应商在规定时间内进行工作；对供应商的成本、进度计划和绩效等进行监控跟踪；核实与检查供应商产品的质量；根据合同条款，与供应商就执行进度与费用支付进行协调；采购审计；正式验收和合同归档。

在与供应商接触完毕后，接下来的重点就是在保证产品质量的情况下，控制采购成本。将采购成本降到最低，是采购人员促进公司利润增长的重要举动。采购管理者需要考虑如何在工程项目生命周期内，将整体采购成本降到最低。

在实际采购工作中，很多采购人员都只关注供应商的投标报价，却忽视了招标成本、建设成本，以及所有权损耗成本等整体采购成本，这是不对的。下面，我们来具体分析一下。

4. 招标成本

采购人员首先要考虑的，就是在招标要约发出前的行为。招标方需要将招标目标进行确定，同时调查主题、编写需求建议书、寻求预算支持、考察和认同供应商、获取内部的授权等，然后再向供应商发出要约。整个过程所需成本，会占合同价的 2% ～ 5%。

在要约发出后，竞标者会对招标方的招标文件制订投标建议书。制订投标建议书是个费时且费钱的工作，每个竞标者，都会在竞标说明上花费合同价成本的 1% ～ 6.7%。参与竞争的供应商不得低于 3 个，如果我们按照 5 个竞标者计算，这项成本会达到合同价成本的 5% ～ 30%。

从表面上看，这笔款项似乎是由竞标者自行承担的。但从长远看，这笔费用会被供应商计算在成本里，实际还是由招标方自行承担。

接下来，评标程序开始了。招标方需在开标、评标、定标、谈判、批准等事项上进行工作，这些工作的总成本将占到合同价成本的 2% ～ 5%。当然，这还不包括因为不确定因素必须重新招标的成本。

由此可见，对于工程项目招标来说，竞标的总成本甚至会占到合同价成本的 10% ～ 50%。因此，降低招标成本对采购人员来说是一种责任。

5. 建设成本

建设成本作为投标报价的主要依据之一，一直是买卖双方所关注的重点。通常情况下，建设成本包括以下几个方面：

建设前期准备；正式建设费用；与其他系统授权、交付与保险费用；相关手册、宣传册费用；对员工的培训费用；支付管理者的费用。

6. 所有权损耗成本

所有权损耗成本，指的是工程项目长期损耗的成本。其中包括工程项目的运营成本，以及工程处置成本。由于工程项目的运营成本可能长达数年，并且期间的成本过程可能是前期费用的数倍，因此这也是一笔不小的开销。此外，一些工程设备在濒临报废时，还需要考虑销毁和处理的成本。

如果将这些成本在采购时进行综合考虑，那就有助于采购管理人员用正确的观点看待实际采购价，并且为工程项目选择出最好的采购方案。

三、结束采购

在采购过程结束后，采购人员并非完成了使命。因为在这一阶段，采购人员还担负着付款程序、违约处理和审计监督三项工作。

1. 付款程序

采购人员需要向管理人提出申请，在管理人审批后，再交工程项目管理部，由技术部经理和总经理审核签字，最后将带有付款明细的清单交给项目经理批准。在采购清单被批准后，采购负责人需要去财务部办理付款手续。需要注意的是，不管是汇款还是现金支付，都要求复印存档。

2. 违约处理

当供应商的货物出现延期时，采购部应当及时联系工程部与技术部，并且积极与供应商斡旋，找出解决办法；当货物出现质量问题时，采购部需要向工程部提出意见，并且将问题上报项目经理，作出紧急处理，同时要求供应商对货物进行退换处理；当采购部与供应商协商不成，造成工程财务损失的，需要由财务部进行具体核算，由采购部进行追踪，情节严重的，需要由法院进行裁决。

3. 审计监督

在采购部与供应商进行询价、议价与合同签订、执行和结算的过程中，除了工程部门、技术部门和采购部门外，财务部门也要进行积极协助。

财务部主要负责对货物价格的审查与核计，因此，采购人员要自觉接受财务部的核查，并且接受财务部的监督与问询。当采购人员发生违反廉洁制度的行为时，要自觉接受公司相关制度的处理。

7.3.3 项目沟通管理

一、规划沟通管理

我们每天都在进行沟通，却经常忽略沟通的重要意义。有些人觉得沟通是件小事，不值得花费几小时的时间去跟对方说清楚；有些人觉得沟通没有效果，明明自己说得很清楚了，对方却还是云里雾里，或者理解问题与自己南辕北辙。

可沟通在生活中十分重要，在工程项目方面更是如此。沟通是能帮助工程项目顺利进行的重要工具。项目沟通管理，指的是为了确保项目信息的合理收集和传输所需要实施的一系列措施，具体包括沟通规划、信息传输和进度报告等。

成功的项目管理者，都拥有很强的沟通能力，并且能充分发挥沟通能力，让项目团队更有效率地工作。在建筑施工现场管理中，沟通是一种非常有效的管理手段。绝大部分工程项目，都是通过团队或班组的形式展开作业的，团队作业则需要更强的沟通能力。

一个合格的项目经理，需要对项目沟通环节十分熟悉，并且充分利用这一能力，发现和应对项目管理中的各种沟通障碍，进而让工程项目团队更加高效地进行沟通。

在大部分项目团队中，只有大量的交谈，却没有大量的沟通。交谈与沟通内容是不一样的，在工程项目的实际操作中，项目经理用在沟通上的时间需要占全部工作的80%左右。因为只有良好的沟通，才能让项目经理获得足够的信息，进而发现工程项目存在的问题，控制好项目的各个方面。

据相关数据显示，在所有失败的工程项目中，有 70% 以上都是因为沟通不利。诸如计划不周密、控制不到位、资源不充足等原因，都不如沟通不利给工程项目带来的损失大。

项目沟通，就是确保项目团队之间的信息能及时互通，并且正确地收集、发布、储存和处理各种项目信息的过程。如果项目经理想提升工程项目的成功率，就需要好好管理项目沟通。

那么，什么是工程项目沟通呢？工程项目沟通，就是为了设定工程项目总目标，在团队之间将信息、思想与情感进行传递，并且达成共同协议的方法。

工程项目沟通主要包括以下三方面内容：

工程项目沟通，就是信息在管理层和接受者之间的交流；工程项目沟通要求项目经理能在各种干扰中，对信息进行准确的把握和理解；工程项目的沟通需要反馈，项目经理可以通过信息反馈，对决策进行修改和补充，确保工程项目顺利完成。

二、管理沟通

在进行工程项目沟通管理时，管理者要做到“项目沟通八步走”，这样才能保证关于工程项目的沟通能够顺利管理。

确定想法：项目沟通管理的目的之一，就是为了提出问题和要求，并且获得回应。那么，作为沟通管理的一方，首先要确定的是这次沟通的内容、目的和想法能不能让对方听懂，要考虑对方能不能接受和理解你想要表达的东西。如果连管理者自己都未确定想表达的意思，那还如何指望别人理解你的意图呢？

进行编码：同样的语言，同样的词汇，却能对不同的人产生不同的效果。对于工程项目的管理层之间而言，使用一些专业术语交流是正常的，但对于施工人员来说，这样的专业术语是很难被理解的。因此，所谓的编码，就是把自己想表达的信息，编译成对方能正确理解的信息。说得通俗点，就是“把自己的想法，用对方听得懂的语言表达出来”，这样才能进行有效沟通。

项目管理者在编码过程中，要对对方的地域背景、文化背景、知识水平和理解力等因素进行综合考量。举个例子，如果项目经理在传达一项新的施工方法时，使用视频和现场操作，就比直接用文字讲解更容易接受。如果作为项目经理满口专业名词，基层施工人员只能是一头雾水，不明就里。

选择渠道：在工程项目沟通中，难免会因为层层环节的表达能力问题，而导致最后的结果受到干扰，造成信息丢失或失真。因此，选择合适的沟通渠道十分重要。

举个例子，当项目经理打算跟几名部下就工程进度问题进行沟通，选择群发电子邮件或短信进行沟通，就远远逊于电话沟通和面对面沟通。

通常情况下，工程项目沟通渠道需要考虑信息的特性，传递信息的环境是否有噪声，以及是否利于信息反馈的因素。工程项目中的正式沟通，最好是选择会议沟通或书面沟通，以防出现重要信息丢失等情况。

传递信息：传递信息的要求，就是将工程项目信息通过沟通渠道，正确、及时地传达给需要沟通的对象。

接收编码：当被沟通的对象以编码形式传递后，需要选择相应的接收方式，以及正确的反馈方式。

举个例子，当项目经理与施工人员面对面沟通时，对方给项目经理带来的施工工地情况反馈是口头表述的，那么，项目经理就要仔细倾听对方的表述，以防漏掉重要信息。

进行解码：解码过程，就是沟通对象从对方传达给自己的信息中，提炼出有效信息的过程。比如，将面部表情、手势等转化为语言；将方言转化成普通话；将俗语转化成专业术语等过程。

分析理解：工程项目沟通中，最常见也是双方最怕的问题，就是双方的理解出现偏差。理解的偏差，可能会导致工程项目偏离正确轨道，耽误工程项目的进度。

因此，双方在沟通过程中，需要对接收到的信息进行仔细分析，同时正确理解对方的真实想法和要求。特别是在消息互换的沟通过程中，更要准确把握对方字里行间的“言外之意”。

积极反馈：这一步可以说是工程项目沟通中最为重要的一步。毕竟在工程项目的沟通管理中，很难做到信息传递时完全没有错漏和失真，一些问题总会或多或少地出现在沟通中。但是没关系，当你对对方的信息有疑问或有不同想法时，可以大胆提出来议一议，双方共同沟通解决。在项目沟通，特别是工程项目沟通中，最怕的就是出现“言者无意，听者有心”的情况，这样会让问题“积小成大，积少成多”，最后工程项目被各种误解中断进程。

三、控制沟通

工程项目沟通，其实是一项多人参与的活动。由于每个人对事物的理解都不一样，所以就产生了为让各方达成认知一致的沟通管理。人，尤其是做工程项目的人，总会在彼此间牵扯到一些利益因素。

做工程项目的团队成员，彼此的立场不同，职能也不一样，这是让沟通出现障碍的主要原因。在工程项目沟通中，我们对不同的信息，要采取不同的沟通方式和手段，在编制工程项目沟通计划时，还必须明确各方的需求，以及各种信息的整合。影响工程项目成员沟通方式选择的因素主要有四点：项目本身的规模；项目相关人员的能力和习惯；沟通方式方法的有效性；沟通需求的紧迫程度。

为了保证沟通的有效性，人们在工程项目的沟通过程中还应该注意以下几个方面：

1. 抓住要点

跟项目经理的沟通要做到简明准确。工程项目是一项长期工程，每一位团队成员都很忙，因此，他们在沟通时只会关注关键内容，比如：有什么事；与我有关吗；我要做什么；什么时候做等。因此，项目经理要简明扼要地将沟通进行下去，这样才能提高工程效率。

2. 应用各种沟通技巧

沟通最重要的环节，就是要先学会倾听，并且是积极倾听。首先，学会倾听才能让你明白对方是什么用意。其次，仔细倾听别人的需求，才能让你明白如何回馈对方的需求。

在工程项目沟通中，还要注意以下两点：在不同意对方观点时，不要直接拒绝对方，更不要说“你这个不行”“绝对不能用”之类的话，而是应该说“我考虑一下”“我们讨论一下”，这样才能让对方有继续沟通的意愿；在与陌生人沟通专业业务时，先用一个现成的例子，在这个例子的基础上进行沟通，可以让沟通效果事半功倍。

总之，沟通是工程项目团队管理中必不可少的环节，它不但能帮助理解，还能减少误会与错误，使工程项目能顺利地进行下去。

在工程项目上，我们还经常会遇到这种情况：即便你做了很大努力，但对方还是拒绝沟通、油盐不进，这时候，只能说明对方是一个错误的沟通对象，及时远离才是明智之举。

7.3.4 资源协调与优化配置案例

某建筑设计院基础公司承接了一项工程，由于人力资源部主任李彬（化名）表现优异，公司决定将李彬提拔为项目经理，负责这项工程的管理。

李彬原本就是人力资源部的负责人，因此他深知，在项目实施过程中，项目经理可以根据项目开展的实际需求及时进行调整和替换，项目经理及项目部主要技术人员原则上保持不变，在需要调整时，以有利于项目开展和完成项目目标，并保证实现项目部合同目标为原则进行调整。所有人员调整都要征得业主方和监理单位的同意。

李彬找了张白纸，将总公司与项目经理部的关系列在上面：项目经理职权；人员使用权和选择权、奖罚和分配权；劳务作业队伍选择权；项目资金管理支配权；建筑材料和机械设备的比价及选择权、检查和验收权；公司内部各相关部门的使用和选择权；对工地的质量、安全及施工进度制订有利措施，保证实现预期目标；对不服从管理的个人和队伍（含各分包队伍），有权进行经济处罚，直至驱出工地。当然，李彬还需要明确项目部的职责。

项目部人员选用和机构的设置，在充分考虑到项目特点的基础上，由项目经理组建。项目部具体职责是：对项目基坑护坡、降水工程诸环节的综合协调管理；为内部协作各专业队提供技术支持、管理服务和实行有效控制；在施工现场与工程设计师沟通和交流，了解其设计意图和思路；与甲方和现场监理工程师协调与配合，共同完成项目目标；协调各方相关部门，为现场施工的顺利开展提供保障；配合总承包体制和管理模式，为甲方提供全方位的技术服务。

通过对院基础公司的项目利益相关者的分析，李彬制订了一份合理的绩效激励机制，力求这个利益分配方式让项目利益相关者都满意，其具体有以下几个层面的内容：

1. 设计院与公司及公司与部门间的利益分配原则

设计院及基础公司要求确保基础公司及各部门要有相应的基本利润和产值，基本利润为剔除各种成本费用和税收后的净利润，一般为基础公司及部门年实收费收入的15%，基本产值是800万元。

2. 公司经理和副经理的利益分配原则

经营者效益奖金 = 公司年度实现税后净利润 ×20%× 岗位系数 × 综合绩效考评得分 /80，税后净利润未达到基本利润的，经营者效益奖金可不予核发。公司经理和副经理的岗位系数为1∶0.8。

3. 总工办的副总工程师的利益分配原则

总工办效益奖金分配方式如下：

总工办效益奖金总额 = 总工办生产效益奖 + 总工办管理效益奖；

总工办生产效益奖 = 年度完成合同产值 ×2%×60%× 个人分配比例 × 综合绩效考核系数；

总工办管理效益奖 = 年度完成合同产值 ×2%×40%× 个人分配比例 × 综合绩效考核系数；

其中，总工办生产效益奖个人分配比例，由基础公司领导班子根据个人年度工作量考核进行分配。总工办管理效益奖个人分配比例，由基础公司领导班子根据个人岗位工作考核进行分配。非总工办岗位人员从事相应工作的，仅参与总工办生产效益奖。

4. 部门经理和副经理的分配原则

部门经营者效益奖金 = 部门年度实现税后净利润 ×20%× 岗位系数 × 综合绩效考评得分 /80。税后净利润未达到基本利润的，经营者效益奖金可不予核发，部门经理和副经理的岗位系数为1∶0.8。

5. 项目经理和项目团队的利益分配原则

公司对项目团队的薪酬支出实行总额控制，项目团队的项目薪酬支出总额，不得超过公司规定项目薪酬总额，超过部分不得核发。若违规核发，从该项目经理的薪资中对应扣除以弥补损失。项目薪酬总额为该项目实收费收入的40%，薪酬总额包含该项目全部薪酬支出。公司在考虑项目薪资总额时，应确保该项目有相应的基本利润。基本利润为剔除各种成本和税收费用后的净利润，一般为该项目收费收入的 15%，项目全部薪酬分配由项目经理按公司分配制度和项目团队人员的绩效分配。

6. 各职能部门人员的分配原则

各职能部门人员的薪酬工资部分按院薪酬管理办法中的工勤系列发放标准执行，效益奖＝基础公司年度收入 ×（0.08% ～ 0.15%）；

部门正职：副职：高级主管：主管：办事员：见习岗 =1∶0.8∶0.6∶0.5∶0.4∶0.1；基础公司不得另行制定发放标准。

7. 项目的经营费用分配原则

设计院基础公司规定项目的经营费用占项目实际收费的比例，三类业务部门分别是：工程地质勘查项目为 10%，岩土工程项目为 1.5% ～ 3.5%，工程基础检测项目为 7%。各业务项目部经营费用不得超出院规定。

以上就是李彬对院基础公司项目利益相关者的分析和具体分配规定，总之，他的目的就是要充分调动基础公司经营者及员工的工作积极性，提高工作效率，让项目能够顺利完成。

7.4 项目风险管理

一、风险及风险管理

关于风险的定义，目前学术界还没有一个统一的标准。风险本身是一个比较抽象的概念，往往不能被精确地表述。一般情况下，风险是指人们不希望发生的任何不确定的事件。

风险的客观性表现在它的存在是不以人的意志为转移的。所有无论人们是否意识到风险的存在，它都有发生的可能。由此可见，导致风险的因素也是客观独立的。

风险因素主要分为三种类型：物理因素、道德因素、心理因素。

物理因素可以看成是有形因素的统称，它泛指一切引起事故发生的物质条件。例如装饰材料的环保质量不达标对人类健康的影响、建材不合格造成对建筑物的损害等。

道德因素与心理因素都是无形的风险因素，前者指的是不正当的社会行为，后者指的是主观上的故意或过失。

风险除了具有客观性外还具有不确定性与可变性，这无疑再次增加了项目风险管理的难度。

由此可见，关于项目风险的管理就是根据风险的特性来识别和分析其在项目中发生的可能以及所应采取的应对措施。

美国项目管理协会将项目风险管理的过程划分为六个部分，见图 7-7：1. 风险管理规划；

2. 识别风险；3. 定性的风险分析；4. 量化风险分析；5. 规划风险应对；6. 监控风险。

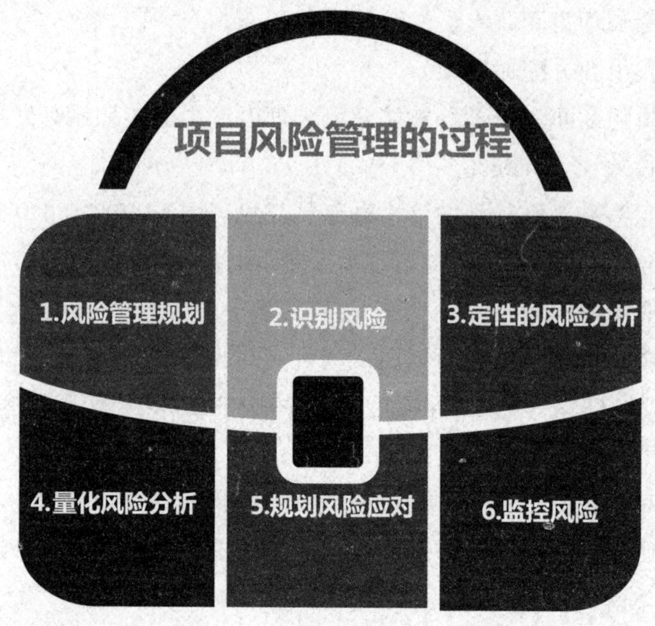

图 7-7　项目风险管理的过程

二、识别风险

识别风险是项目风险管理的基础，它所指的是项目团队在收集资料与调查研究的基础上，对项目客观存在的风险进行全面识别、确认以及进行系统的归类。项目风险识别无法做到一劳永逸，它需要在项目的整个过程中定期或不定期地进行。

项目风险识别的特点：

1. 广泛性

一方面是识别参与人员的广泛性。包括项目经理、项目团队成员、相关专家、体验者、客户、其他相关人员等。

一方面是识别领域的广泛性。它将有可能涉及财务、技术、管理等不同的领域。

2. 全生命周期

项目风险的特性决定其存在于项目生命周期的各个阶段，而且不同的阶段还会出现不同的项目风险。所有在项目生命周期中客观存在或潜在的风险都属于项目风险识别的范围。

3. 对项目信息的依赖

项目风险识别是以所收集的信息以及调查研究的结果为基础而进行的活动，所以信息的正确性、及时性、全面性、动态性等都将影响到风险识别的结果。

风险识别的重要性不言而喻，其过程主要遵循的原则有全面细化相结合的原则、多种识别方法选择性运用的原则、全员参与的原则、动态识别的原则、信息积累的原则等。

项目风险识别的主要工作内容有：1. 识别并确定项目中客观存在以及潜在的风险；2. 识别导致项目风险形成的主要因素；3. 对可能出现的风险及其所引发的后果进行初步的定性与分析。

风险识别的依据：成果说明、项目计划的内容、历史资料、项目风险的种类以及制约因素。

项目风险识别的过程主要有：1. 确定目标；2. 明确参与项目风险识别的重要人员；3. 尽可能多地收集相关资料、信息；4. 对项目风险形势进行评估；5. 直接或间接地将客观存在或潜在的风险识别确认。

项目风险识别常用方法包括：文档审核、头脑风暴、德尔菲法、SWOT 分析法、环境分析法、索赔统计记录法等。

项目风险识别的作用主要体现在三个方面：1. 有助于明确风险管理的对象；2. 有助于提供更加合理的风险管理对策；3. 有助于提高风险分析的精确性。

三、实施定性的风险分析

定性的风险分析是指对项目风险的可能性及其后果进行定性的评估，从而为后续的分析或活动提供相关基础。

实施定性的风险分析的主要依据是：1. 风险管理计划；2. 范围基准；3. 风险记录册；4. 项目的类型及状态；5. 制约因素与假设。

实施定性风险分析的方法主要有：1. 风险概率和后果的评估；2. 概率和后果矩阵；3. 风险数据质量评估；4. 项目假设检验；5. 专家判断。

实施定性风险分析的结果是实现项目文件的更新，其中主要包括对风险记录册的更新以及假设条件日志的更新。

风险记录册的更新内容主要包括：项目风险的相对排序或优先级清单、风险的分类、各类风险的紧迫性、需要补充和应对的风险清单、低于优先级风险观察清单等。

假设条件日志更新主要是由于新信息的收集整理，假设条件也随之发生变化。

四、实施量化的风险分析

风险量化分析是指对项目涉及的风险以及风险之间的相互作用进行定量的估算。

实施风险量化分析的依据是：1. 项目范围说明书；2. 风险管理体系文件；3. 历史资料；4. 风险清单；5. 专家判断。

实施风险量化分析的工具主要有：1. 决策树；2. 净现值统计；3. 项目评审技术；4.PERT 仿真。

实施风险量化分析的成果包括：已量化的风险清单、偏差分析、完工估算、定量风险分析结果中的趋势。

五、规划风险应对

规划风险应对就是计划和安排应对项目风险的措施与活动方案。

规划风险应对策略主要分三大类：一是避免或排除特定的风险事件；二是通过减少风险事件的预期成本来降低相应风险发生的概率；三是接受可能发生的积极与消极后果。

六、监控风险

监控风险是指在项目的全过程中对各种风险的监督和控制工作，而且这是需要重复进行的活动。

一旦识别出了项目风险并确定了相应的对策，就要对这些活动进行监控，以确保行动的及时有效。另外，监控风险还包括对后续不断出现的新的风险的监控。

第 8 章　创新的项目管理模式分析

8.1 建筑工程项目管理中的问题分析

伴随着社会进步和经济发展，我国的建筑行业也在持续迅猛发展。在创新驱动发展战略的助力下，中国建筑工程事业正面临着极大的发展机遇。当然，不可否认的是，在拥有机遇的同时，困难和挑战也一样存在。

当前建筑行业的核心竞争力主要表现在建筑工程的施工质量上，但对于企业来说，建筑工程项目的管理水平，才是其持续发展的主要动力。

在前面的章节中，我们详细分析了企业工程项目管理的步骤和流程。在这一节中，我们主要来了解一下当前建筑企业在工程项目管理中存在的一些问题，以及影响建筑企业进行项目管理的一些不利因素。由此，再去分析如何选择工程项目管理模式的问题。

在新的市场经济形势下，传统的建筑工程管理模式已经无法满足当前建筑行业发展的新要求。对于大多数企业来说，寻找到新的工程项目管理举措和问题解决方法，已成为迫在眉睫的一项要求。

从长远来看，建筑企业工程项目管理水平的提高，也对建筑行业发展有着至关重要的作用。建筑企业要想提高自身的工程项目管理水平，首要一点是找到当前工程项目管理模式的问题所在，在做好这一点工作之后，才能更好地去探索新的工程项目管理模式。

8.1.1 建筑行业工程项目管理的影响因素

从当前建筑行业工程项目管理现状来看，影响建筑企业开展工程项目管理的因素主要有以下几点，见图 8-1。

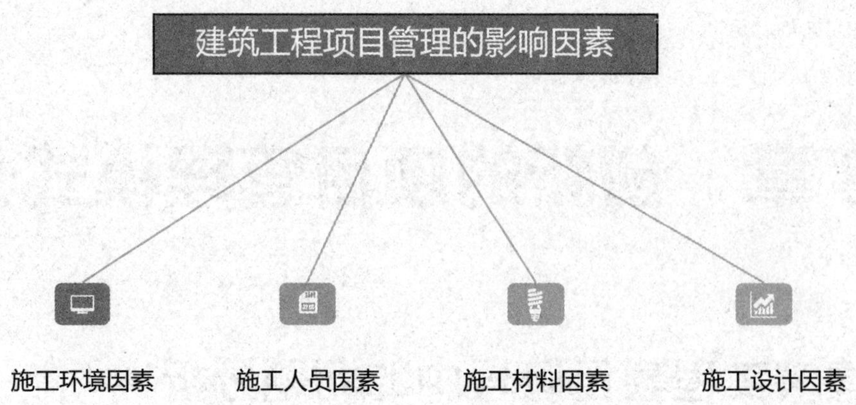

图 8-1 建筑工程项目管理的影响因素

1. 施工环境因素

建筑工程项目很容易受到外部自然环境的影响，复杂多变的自然环境，在很大程度上增加了施工的难度。在恶劣环境中，施工人员的工作效率也会大打折扣，一系列因素综合作用，就会影响到整个工程项目的管理流程。

此外，在恶劣的天气下，建筑材料的运输也会遭到不小的困难。如果持续阴雨天气，工程设备也无法正常开展工作。这些问题都会影响工程项目的进度，引起工程项目的管理混乱。

2. 施工人员因素

在建筑工程项目中，人是一个至关重要的因素，不论这个工程项目的机械化程度有多高，始终都需要人来进行操作。由此可见，人对于工程项目管理的影响是十分重大的。

一个具有较高素质水平的工程项目管理者，能为工程项目带来一个优质的决策方案。而一些高效的工程项目施工人员，更是直接影响着建筑工程的质量。那些高素质的施工人员能够更好地理解设计方案，同时也可以更好地应对工程项目实施过程中出现的问题。因此，施工人员也是影响工程项目管理的重要因素。

3. 施工材料因素

在建筑工程项目中，施工材料也是一个重要因素。其不仅影响着建筑工程的成本管理，同时还是建筑工程项目采购管理中的重要内容。采购的材料能否满足建筑工程项目的施工需求，能否及时完成对建筑施工材料的补充，这些都是建筑工程项目管理的重要环节。

4. 施工设计因素

对于建筑工程项目管理来说，工程项目施工设计是非常重要的。同时，工程项目施工设计也是影响建筑工程项目管理的重要因素。

一方面，在施工设计上，无法明确具体的施工工期，这就会使得建筑工程项目管理从一开始就陷入不利状态。最终还会导致监理单位和施工单位无法在工期控制上取得共同意见。

另一方面，在设计环节上，如果投入资金太少，会导致工程款项无法及时给到供应商和承包商，从而导致工程项目被延误。此外，设计指标的不规范和设计图纸的错误，也可能会导致在具体的工程项目管理中出现问题。

上面提到的这些问题，都需要在设计阶段就得到充分解决，否则，将会对工程项目管理造成十分严重的影响。

建筑企业在进行工程项目管理时，需要针对具体工程项目进行分析与研究。从工程项目的实际出发，制订相应的科学高效的项目管理方案，从而优化项目管理和各要素之间的关联，通过工程项目管理实践，来提高工程项目的完成效率。

8.1.2 建筑行业工程项目管理的问题

当前，我国建筑企业的数量不断增多，规模也日趋增大。这些企业在发展过程中，对技术创新和工程项目管理的要求也越来越高。

从当前建筑行业的市场形势来看，传统的建筑工程项目管理模式已经无法适应中国建筑行业发展的趋势和要求，建筑工程项目管理的问题和不足也逐渐显露出来。对于建筑企业来说，在问题还没有扩大，并影响到企业整体发展的情况下，及时找到企业在建筑工程项目管理中的问题，并探讨相应举措，是对企业发展具有重要意义的。

相比于发达国家建筑行业的发展，我国建筑行业发展的时间还比较短，在工程项目管理方面的水平还比较低。也正因为如此，在实际的工程项目管理工作中，才会出现较多方面的问题。

1. 建筑工程项目管理机制不健全

建筑工程项目管理体系是否健全，直接关系到建筑工程项目能否保质保量地完成。如果无法构建起完善的工程项目管理体系，在具体工程项目实践中，就会出现施工现场混乱、人力物力浪费、施工进度延迟等问题。这些问题将会给建筑工程项目质量带来极大的威胁，无论是对于建筑企业，还是对于业主来说，这种风险都是绝对要避免的。

在一些建筑工程中，施工单位通常会采用传统的外包分包的建筑工程项目管理模式。这种项目管理模式的一大问题就是难以明确施工总承包方和各分包方的工作职责和范围，这会导致施工各部门之间缺少有效沟通，进一步会导致施工现场的混乱，影响工程项目正常的管理秩序。

此外，还有一些建筑工程企业，在项目管理中缺少信息化管理内容。由于对信息技术管理重视不足，缺少规范化的流程收集、管理、存档环节，这就会为技术管理工作带来很大困难。而且，对信息化管理应用不足，还会在一定程度上影响工程项目管理水平的提高。

上面提到的只是一些典型的问题，一个完善的建筑工程项目管理体系，不会缺少任何一个必要环节。建筑企业可以对照前面介绍到的内容，来合理完善自身的建筑工程项目管理体系，更好地提高自身的工程项目管理水平。

2. 质量管理不严、安全管理薄弱

在建筑工程项目管理中，质量和安全是紧紧联系在一起的。缺少质量管理的工程项目，其安全管理必然也是匮乏的。因此，建筑企业在工程项目管理中，要将质量管理和安全管理相结合，这样才能更好地提高工程项目管理的水平。

当前一些建筑企业在工程项目实施过程中，缺少对工程质量的监督管理，一些企业对质量监督工作的执行力度不足，甚至还有一些建筑企业为了降低成本而偷工减料。很显然，这些质量管理缺失的问题将会影响到工程项目的施工进度，最终为企业带来巨大的经济和名誉损失。

与质量管理同时缺失的，还有工程项目管理中的安全管理内容。很多时候，一些企业在工程项目中的安全生产举措都变成了口号，安全措施严重缺乏，大大加重了工程项目管理的风险。

一些施工现场的安全措施非常简陋，对于损坏和老化的安全措施也没有及时更换和维修。在一些施工现场缺少安全警示标志，或没有将标志放在正确的位置，使得安全警示标志无法发挥真正的警示作用。这些问题都会给工程项目实施带来很大的安全隐患，建筑企业不能抱有侥幸心理，一旦出现安全问题，后果是难以想象的。

3. 协调沟通管理效率低下

在建筑工程项目管理中，协调沟通管理是非常重要的内容。在工程项目实施过程中，如果对建筑工程中的人力、物力和财力协调不合理、不到位，就会影响工程项目的正常开展。更为严重的，还会引起各工程项目管理部门间产生矛盾和冲突，降低工程项目管理的效率。

协调沟通管理看上去只是简单的协调和调度，但在整个工程项目管理中，却占据着重要位置。就好像施工现场的牵引绳一样，它会将物件与物件连接起来，这样才能高效协作，提高工程项目管理的效率。

总体来说，建筑工程项目管理所涉及的内容方方面面，其中可能出现的问题也是方方面面的。这些问题看上去相互独立、互不影响，但其实彼此间都是相互关联、相互制约的。因此在进行建筑工程项目管理时，应该综合多方面问题，从多种不同情况去进行分析思考，这样才能得出一个更为完善的项目管理方案。

8.1.3 建筑行业工程项目管理案例

质量问题的管理，一向是工程项目中最受重视的管理之一。某建筑设计院下属公司承包了一项工程项目，为了保障项目质量达到甲方的质量要求和相关技术规范的技术要求，公司专门辟出一个部门，并选出负责人周明（化名）负责工程质量管理。

接到任务后，周明将工程质量管理又细化成工作质量管理和工程质量管理两方面。

根据 ISO 质量体系对质量管理的解释，其内容包括：项目质量方针和目标、项目质量管理体系、项目质量管理规划、项目质量管理控制、项目质量管理保障和项目质量管理持续改进方针。

周明根据项目质量的独特性特点，发现项目质量既有成果质量的要求，又有服务质量的需求。项目的服务质量，是在项目开展前就有明确的甲方要求和对甲方的承诺，但是项目质量是通过对项目的全过程管理最终才能实现的。

项目管理是全面的质量管理，质量管理的目的是为甲方提供技术已达到规范要求和生产质量成果满足使用要求的满意产品，项目质量是项目实施全过程最基本和核心的工作要求，是要通过质量检测来验证的，项目团队是项目质量管理的责任主体。

项目实施全过程的持续管理控制和改进是项目管理的关键，要确定项目的质量目标和项目质量目标实施保障，要确定项目质量等级和评定项目质量好坏的标准，项目质量管理工作主要有项目质量管理规划、保障和控制。

周明为工程项目质量规划制订的具体措施是：质量方针是精心优化设计，公正科学监理，不断提高顾客满意度；质量目标是每届创省、部优秀设计奖不少于一项，产品合格率 100%，合同履约率 100%，顾客满意率≥ 90%，通过市场调研了解顾客的期望，利用产品信息反馈、与顾客座谈、工程回访的方式了解顾客的意见和要求。把收集的上述信息进行科学的分析和评价，使管理体系不断地改进，从而获得优良的产品，提高顾客的满意度。

周明按照 GB/T 19001 － 2008 标准建立和实施质量管理体系，力求公司有技术能力和技术资源，为甲方提供满足功能要求、技术目标和适合法律法规及技术规范要求的合格产品；通过质量管理体系的有效运行和持续改进，提高本院的管理水平和统筹协调能力，旨在增强顾客满意度。体系涉及的范围是院质量方针、质量目标、组织机构和质量职能分配及设计、监理产品质量管理体系过程的相互作用的表述。体系适用于本院建筑设计、基础公司和工程监理服务实现全过程的质量控制。

周明还遵照 GB/T19001 － 2008 标准模式，同时结合建筑设计院设计、下属公司和监理实际工作，建立文件化的质量管理体系并有效实施，以确保产品和服务在实现的过程中各阶段的活动符合要求。按标准的要求对过程进行控制和管理，包括对产品和服务在实现过程中的识别、运行、监视、测量分析和采取持续改进措施。

为了确保使用的项目文件和资料正确，为了防止误用失效、作废的文件，周明对质量管理体系所要求的文件予以控制，并且执行《文件控制程序》。

文件控制由总工办、质量管理安全科和办公室负责，各有关部门配合。项目文件控制要求：文件发布前应得到批准认可，以确保项目文件的充分性、适宜性和可靠性；对项目文件要适时评审和有效更新，并再次得到批准认可；确保项目文件的更改状态清晰、易于识别，通过项目文件有效版本清单进行控制；确保在项目文件使用时，是项目文件的有效版本；确保所需外来项目文件能够识别，并控制其分发使用范围；对需保留的作废项目文件要进行适当的标识，防止非预期使用。

而项目记录是为甲方提供符合技术要求的服务和质量管理体系有效运行的证据，也是采取纠正或预防措施的依据。因此，周明按照《记录控制程序》进行项目记录控制，并保证记录清晰、易于识别和检索。同时，周明还下达一项死命令："记录一般不外借，确需借阅时，需经责任部门负责人批准。"

对于项目监视和测量、顾客满意度调查，以及各部门和项目人负责对顾客满意度和不满意信息的收集和分析，周明提出了以下内容：产品质量、技术指标、交付和服务等方面顾客反馈信息；顾客需求方面的变化；市场需求的变化。收集的方式可以是口头或书面的，包括：顾客的投诉与抱怨；顾客或市场的走访、调研（如问卷调查等）；有关媒体的报道；管理机关、行业质量检查。收集信息的时间或频率应与本院和工程项目的具体情况相结合，宗旨是最大限度地提高顾客的满意度。

当然，周明所负责的工程质量管理，还包括项目内部审核。

在周明看来，内审一般情况下每年不少于一次，必要时可适当增加。内部审核由管理者代表领导，质量管理科组织实施，各部门配合，审核内容应覆盖本手册的所有要求、所有部门和产品实现的过程。

内审工作应形成记录并保存，主要工作有：制订内审计划，经管理者代表批准后执行；内审计划中应规定审核目的、范围、准则、时间安排；组建审核组；审核组成员应由与受审核区域无直接责任且具有内部审核能力的人员担任；编写检查表；召开首次会议，说明审核目的、范围、方法等；现场审核、收集证据，评价观察结果，编写审核报告；召开末次会议，说明审核情况及不符合项。对不符合项，责任部门应及时纠正和采取纠正措施，以消除所发现的不符合项及其产生的原因；审核组负责对纠正措施的实施和效果跟踪、验证。审核报告经管理者代表批准后，发至有关部门和人员，并作为管理评审、下次内审输入。

在周明看来，质量问题是建筑行业工程项目管理的重中之重，必须在项目管理机制的运行中，严格按照规定的要求实施和开展。这样才能在项目管理实践中，逐步完善院公司工程项目的管理机制。

8.2 项目管理模式分析

8.2.1 传统工程承包模式和总承包模式

传统的工程承包方式是在业主完成项目立项和资金筹备后，组织专家团来进行招投标。随后，自己成立项目管理指挥部，分别与设计单位、监理公司、工程承包商签订不同的合同。承包商需要在监理公司的监督下，按照设计图纸完成项目施工。项目管理指挥部则会直接参与到项目的实施管理之中，负责协调设计施工和监理单位之间的关系，更好地开展工程项目。图 8-2 为工程项目传统承包模式流程。

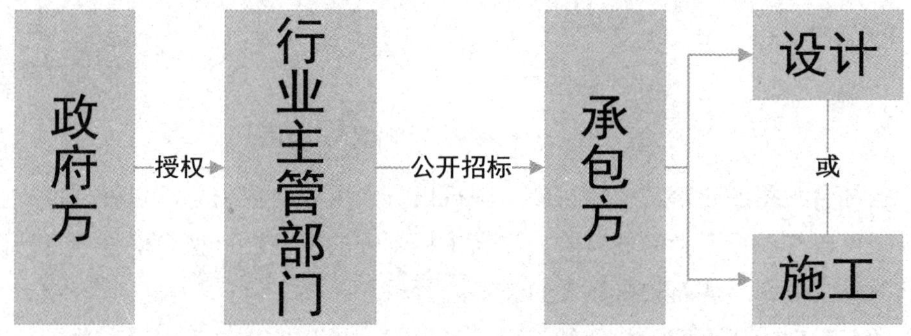

图 8-2　工程项目传统承包模式流程

当前我国大多数工程项目，都在采用这种传统的工程承包方式。从上面的简要介绍可以看出，这种项目管理模式对于项目管理指挥部的要求很高。它要求项目管理指挥部必须具有较高的管理水平，不仅需要配备足够的管理和技术人员，还需要全程协调和平衡各个工程项目参与方的关系，这一点是非常困难的。

在工程项目开展过程中，各参与方之间存在相互制约的关系，同时也缺少有效的沟通协商机制。这就很容易导致各方在具体施工过程中相互推脱责任，影响工程项目的顺利开展。因此，如果业主方的项目管理指挥部并不具备足够的专业管理能力，或者工程项目资源调配关系复杂，就并不适合采用这种项目管理模式。

随着市场经济的不断发展，大多数业主开始逐渐跳脱出工程项目管理的循环之中，而更多转向做项目的投资人。也就是说，建筑企业更注重价值回报和商业运作，而不想再在工程项目管理上耗费过多的精力。

此外，由于建筑企业的规模逐渐做大，其在技术力量和管理水平上得到很大提升，具备了一体化管理和工程项目实施的能力。而建筑市场一体化趋势也让传统的工程承包模式失去了原有的优势。

基于此，工程项目的投资人更愿意将部分管理职能和风险交给承包商，选择更具实力的建筑公司负责工程项目的全部过程。正是在这种背景之下，总承包管理模式才应运而生，见图 8-3。

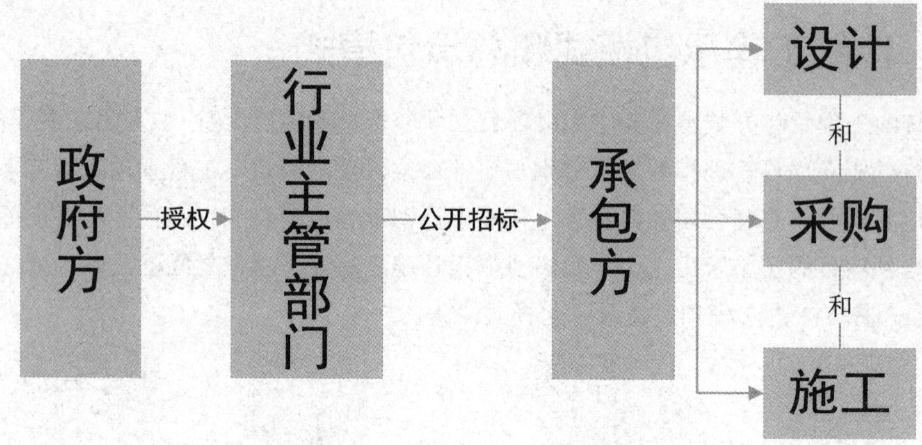

图 8-3　工程项目总承包模式流程

在一些综合大型的建筑工程项目中，项目投资人主要会采用总承包管理模式。这种项目管理模式可以帮助投资者降低风险、提高工程管理的专业性、整合工程项目资源、提高工程项目的施工效率，从而获得最大的经济效益。

这种项目管理模式不同于传统的工程承包模式，它是指从事工程项目总承包的企业，在项目投资人的委托下，按照合同约定，对工程项目全过程或若干阶段进行承包管理。工程项目总承包企业需要按照合同规定就工程项目的造价、工期和质量对项目投资人负责。

在总承包之外，工程项目总承包企业可以依法将工程项目中的部分工作，分包给具有相应资质的分包企业。分包企业同样需要按照合同的约定来对总承包企业负责。

这种工程项目总承包并不是一个简单的概念，根据项目投资人的管理需求、项目的具体特点，这种总承包模式还会表现为多种不同的形式。下面我们来详细介绍几种较为典型的总承包管理模式。

8.2.2 PMC项目管理承包模式

PMC（Project Management Contract）项目管理承包模式，也被称为 IMPT（Integrated Project Management Team，一体化项目管理）。其是通过招标等方式，在经过了规定程序后，选择最为优秀且专业的项目管理单位，以及建设单位所提供的具体的建设计划，从而严格把控项目的投资、工期和质量，在项目竣工之后，再交给使用单位的一种项目管理模式。

简单来说，就是由项目投资人通过招标的方式，选择一家具有实力的项目管理承包商，从而对项目全过程进行集成化管理的模式。这一定义基本上涵盖了所有管理类总承包模式的内容。

这种项目管理模式起源于美国，几经变迁传入中国，成为一种较为流行的工程项目管理模式。这种项目管理模式在那些大型、复杂以及管理环节较多的项目中较为常见，在国外一般都是大型的工程项目采用这种管理模式较多。

在这种项目管理模式中，项目的管理承包商相当于项目投资人的“代言人”，他们需要对项目的整体规划、项目的工程招标，以及承包商设计、采购和项目实施活动的全过程进行全面管理。但在一般情况下，项目管理总承包商不会直接参与到项目的设计、采购和实施工作中。

下面我们来简单梳理一下这种项目管理模式的实施流程。

首先，项目投资人会将工程项目委托给一家专业的工程公司，来对项目进行全面的承包管理。在这个环节之后，这家公司也就成了项目投资人的项目管理承包商，即 PMC 承包商，见图 8-4。

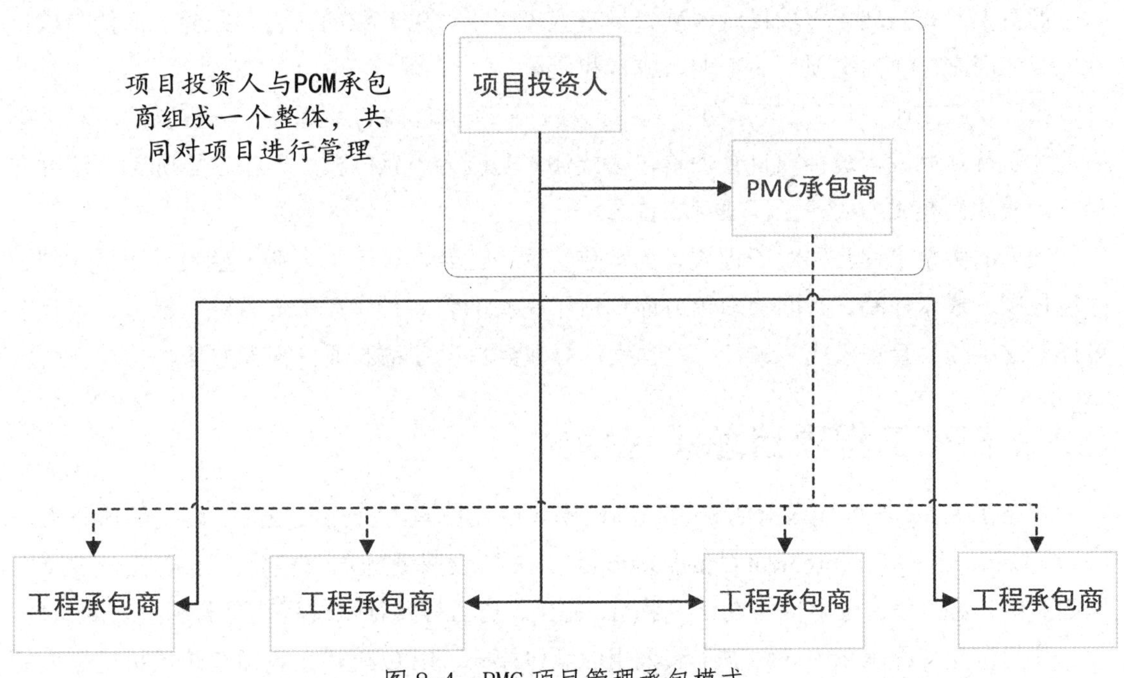

图 8-4　PMC 项目管理承包模式

其次，项目管理承包商会将工作分为两个阶段去展开。

第一个阶段被称为定义阶段。这时的项目管理承包商需要组织完成基本的工程设计，确定所有技术方案和设计方案，同时还要确定设备、材料的规格与数量。在此基础上，需要作出一个精确的投资估算，完成工程设计、采购和建设的招标书，选出工程各个项目的总承包商。

第二个阶段被称为执行阶段。在定义阶段完成招标工作后，中标的总承包商在这一阶段中要去执行详细设计、采购和建设工作。而在这一阶段中，项目管理承包商需要承担起全部项目的协调沟通和监理工作，这一工作会一直持续到整个项目完成。同时，在各个阶段中，项目管理承包商都要向项目投资人汇报工作，而项目投资人也可以派遣一些人员对项目管理承包商的工作进行监督和检查。

在 PMC 项目管理承包模式中，项目管理承包商需要具有相应的资质、优秀的人才和足够的经验。在整个项目管理过程中，其就相当于项目投资人的代表，帮助项目投资人完成项目前、中、后期的各项工作，从而有效控制工程成本、质量和进度，保证工程项目的成功。

从具体优势来说，PMC 项目管理承包模式能够更好地克服设计、采购和建设方面相互矛盾和制约的情况，使设计、采购和建设各方可以有效沟通，确保工程进度和质量。

对于项目投资人来说，这种项目管理承包模式可以将大部分管理风险转移到项目管理承包商身上。在开展工程项目时，项目投资人可以不付出专业的人力和经验，而依靠项目管理承包商来有效控制项目的工期、成本和质量。

因此，在 PMC 项目管理承包模式中，项目管理承包商的选择是十分重要的。对于国内的建筑行业来说，这种项目管理承包模式还算是较为新颖的模式，但在国际上，这种项目管理模式已经成为大型工程项目的首选。

国外的大型工程公司对工程项目的承包管理，已经在设计、采购、建设、质量控制、进度控制、成本控制、合同管理等方面形成了完善的管理程序和管理方法。国内建筑企业可以对这种项目管理模式多进行一些探索，寻找到自己独特的项目管理方法。

8.2.3 EPC工程项目总承包模式

相比于 PMC 项目管理承包模式，EPC 模式已经被国内一些大型的工程公司所采用。EPC（Engineering Procurement Construction），是指企业受到项目投资人的委托，按照合同的约定，对工程建设项目的设计、采购、施工、售后等实行全过程或是若干阶段的承包。

作为国际工程承包中一种被普遍采用的承包模式，EPC 模式在我国建筑、机电等大型项目中也得到了广泛使用。

在总承包模式的基础上，根据项目投资人的不同需求，以及对专业管理能力的要求，同时根据项目投资人的参与能力，才出现了 PMC、EPC、EPCM 等不同形式的总承包模式。

在 EPC 模式中，项目投资人与 EPC 承包商签订 EPC 合同，EPC 承包商的负责人需要对项目的设计、采购和施工进行全面管理。在投资固定的前提下，项目投资人基本不参与项目管理，而只是在项目竣工后进行验收。所以在这种总承包模式中，EPC 承包商需要承担项目建设过程中的大部分风险，见图 8-5。

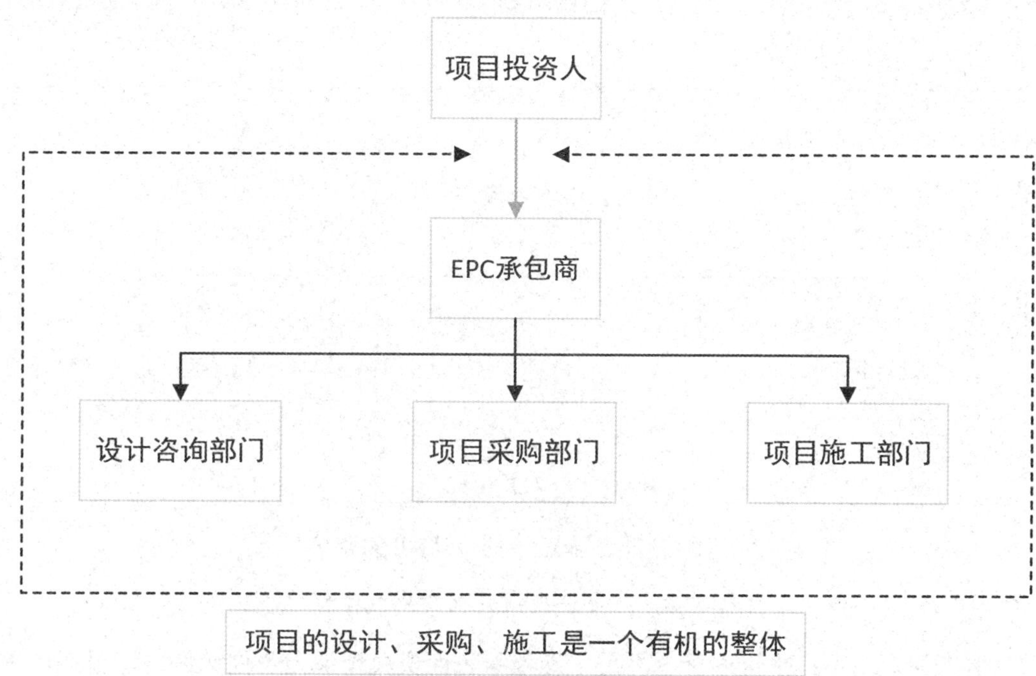

图 8-5　EFC 项目管理承包模式

在 EPC 模式中，总承包商需要对整个工程项目负责，但这并不是说其需要参与到整个工程项目的各个环节之中。除了那些法律和合同规定的、必须由总承包商来完成的工作，其余的工作可以分包给其他分包商去完成。

在 EPC 模式中，常见的合同形式有很多，如“设计 – 采购总承包”合同、“采购 – 施工总承包”合同、“设计 – 施工总承包”合同、“建设 – 转让总承包”合同，以及“交钥匙总承包”合同。

“交钥匙总承包”也是“设计＋采购＋施工总承包”，整个工程项目由总承包商负责，在最后，总承包商需要向项目投资人提供一个满足合同要求、具备使用条件的工程项目。

在“交钥匙总承包”合同中，工程承包商承担的责任范围会更大，其对工期的要求也会更加严格，合同的总价也更固定。这也意味着工程承包商所需要承担的风险会更多，合同价格会更高。

而“设计 – 施工总承包”是指总承包商根据合同约定，承担工程项目设计和施工环节，并对工程项目的质量、工期、造价、安全负责，见图 8-6。值得注意的是，在这种总承包模式中，工程项目中的建筑材料和建筑设备的采购都由项目投资人来完成的。

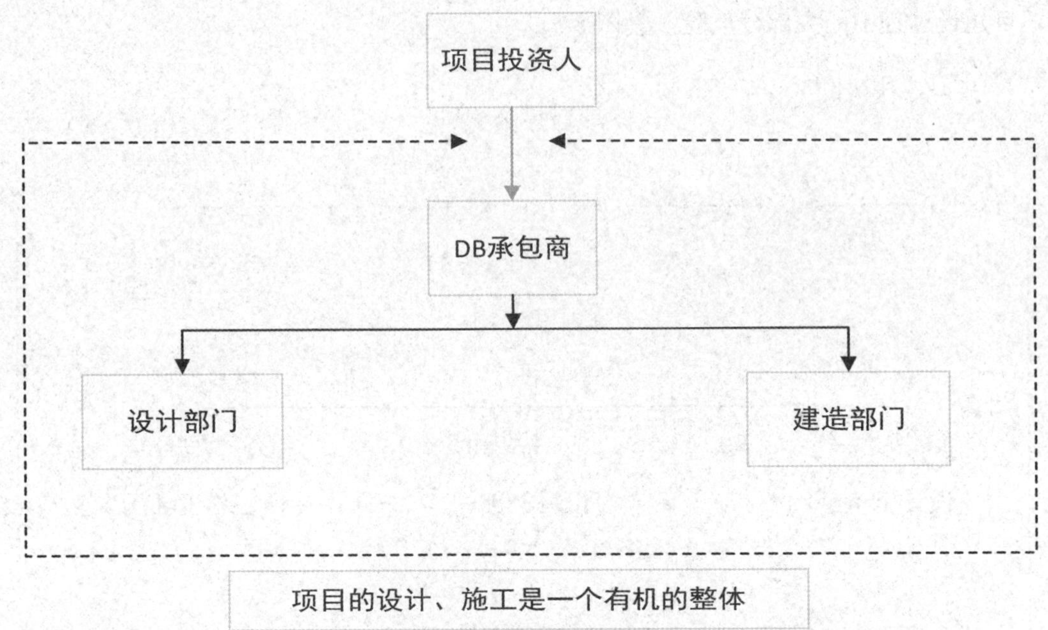

图 8-6　“设计 – 施工总承包”模式

一般来说，当项目投资人资金不足，工程承包商资质和能力条件允许的情况下，承包商对项目进行融资，该项目模式就会转变为 FEPC 模式。如果承包商决定自己出资，担任项目投资人，这种项目管理模式又会转变成 BT 模式，也就是“建设 – 转让总承包”。

“建设 – 转让总承包”是指总承包商接受业主委托，按照合同约定对工程项目进行勘查、设计、采购、施工和试运行，进行工程项目全过程的总承包。同时，总承包商还需要自行承担工程项目的全部投资，这也意味着总承包商需要具备一定的投融资能力。而在工程项目竣工验收合格并交付使用之后，业主需要向总承包商支付总承包价。

在 EPC 模式中，项目投资者不能对工程项目进行严格监督，总承包商在开展管理工作时，受到的阻力也会比较小。同时，总承包商负责全部的设计、采购和施工环节，有利于减少这些环节之间相互制约、产生矛盾的情况，从而使各环节工作能够合理有序衔接，有效保证项目进度和完成质量。

EPC 工程总承包作为覆盖建筑产品全生命周期的承包模式，将工程项目全过程置于统一管理之中，能够提供全过程服务。与传统工程项目管理模式相比，二者的区别还是非常明显的。

首先，在工作范围上，EPC 模式中工程承包商的工作范围更大。

传统模式中，工程承包商要根据业主提供的图纸进行施工，并负责后续工作的管理。而在 EPC 模式中，承包商不仅需要负责施工和后续项目管理，同时还需要负责整个工程前期的勘察和设计，一些重要设备的采购也需要承包商来负责。

其次，在工程质量上，EPC 模式中工程承包商需要对工程质量担负更大的责任。

传统模式中，工程建成后，其设计性能是否达到合同要求，这一点，工程承包商一般不需要承担责任，其责任应由设计方来负责。但在 EPC 模式中，承包商不仅需要负责工程建设质量，同时还要尽力使工程达到合同预期目的。为此，其可能需要付出更多额外的精力。

最后，在风险承担上，EPC 模式中工程承包商所承担的风险要更大一些。

传统模式中，项目投资人和承包商所承担的风险主要来自双方在工程进行中自身过失所造成的风险。如果发生了不可抗力或不可预测的事件，这种情况一般是由项目投资人承担风险。而在 EPC 模式中，由于工程承包商负责大部分工程项目管理工作，所以其中的绝大部分风险都会由承包商来负担。此外，一些因为项目投资人的过失而带来的风险，也会由工程承包商来承担。

2017 年 4 月 4 日，印尼雅加达至万隆高速铁路工程总承包（EPC）合同在雅加达签署。该 EPC 合同的签署方包括由铁总国际、中国中铁、中国水电、铁三院、中车四方公司、通号公司和印尼国有建设公司共同组成的工程总承包企业联营体和中印尼雅万高铁合资公司。合同主要涉及权限土建工程、轨道、四电工程、迁改工程，以及站区综合配套工程和运营培训等内容。

现在，越来越多的中国工程企业通过 EPC 模式实施“走出去”战略。从 20 世纪 80 年代开始，中国工程企业就在不断探索 EPC 模式。在 21 世纪的前 10 年中，中国 EPC 工程企业开始在激烈的市场竞争中提升自身的管理水平，很多企业在不断进行新模式的探索。到了“一带一路”逐渐落地展开后，中国的 EPC 产业获得了进一步的发展。

8.2.4 EPCM工程项目总承包模式

EPCM 模式（Engineering Procurement Construction Management）是指工程承包商全权负责工程项目的设计和采购，并且负责施工阶段管理的一种项目交付模式。

在 EPCM 合同中，工程承包商需要代表项目投资人对施工进行管理。但在签订施工承包合同时，却是由施工单位与项目投资人直接签订的。所以整个工程项目依然由项目投资人负责，工程承包商只是负责工程设计服务和设备采购，以及施工管理工作。见图 8-7。

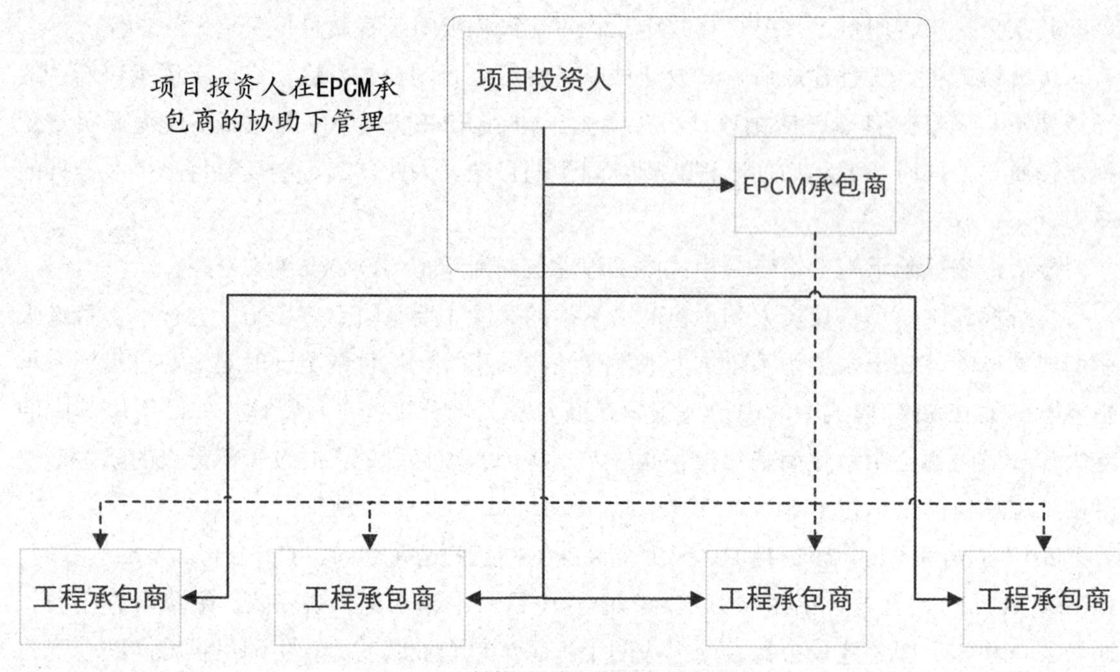

图 8-7 EPCM 工程项目总承包模式

在这种模式下，项目投资人在提出自己的投资意图和要求之后，就可以把项目的可行性研究、勘查、设计、材料设备采购和全部工程的施工，交给一家承包商来负责。EPCM 承包商需要根据项目投资人的要求，为投资人推荐最为合适的分包商，来协助完成整个项目。

需要注意的是，这个过程中，EPCM 承包商与分包商之间并不存在合同关系，同时也不需要承担合同和财政的风险。这并不是说在整个工程中，EPCM 承包商都可以不用承担风险，如果工程无法顺利完成，EPCM 承包商的声誉将会受到极大损害，这也可以算是一个隐性的风险。

由于对工程承包商的综合能力以及技术和管理水平要求较高，当前国内大多数建筑企业在项目管理和技术创新方面，与国际水平还有一定差距，这也导致 EPCM 模式在国内并没有得到广泛普及。

EPCM 模式与 EPC 模式是国际建设工程领域较为常见的两种合同模式，虽然从简称上来看十分相似，但二者之间的区别也是十分明显的。

首先，分包合同关系不同。在 EPC 模式中，EPC 工程承包商需要分别与供货商、施工方和设计方签订各种分包合同。但在 EPCM 模式中，EPCM 承包商需要协助项目投资人，由项目投资人分别与供货商、施工方和设计方签订各种合同。

在 EPC 模式中，EPC 承包商可以自主确定设备提供方和建设施工方。而在 EPCM 模式下，设备提供方和建设施工方是由项目投资人和 EPCM 承包商协商确定的，一些具备条件的 EPCM 承包商也可以为项目投资人提供一定的材料和设备，或者是承担一些设计方面的工作。

其次，工程变更成本不同。在一些 EPC 模式中，项目投资人很少能够去变更工程费用。如果是固定总价的 EPC 合同，其技术规格在招标的过程中就已经确定了。在合同签订后，相应的技术规格和工作范围也会随着总价一同锁定。项目投资人如果想要对工程的技术规格或者是承包人的工作范围进行调整，就需要支付相当高额的索赔成本。因此，项目投资人只得与 EPC 承包商协商变更工程费用，一般来说，想要减少工程成本并不容易。

而在 EPCM 模式下，项目投资人对工程技术规格进行修改是很常见的，也不会受到合同关系的制约。项目投资人可以根据实际需要对工程技术规格进行修改，然后在 EPCM 承包商的帮助下，与合同各方商议价格。因为这种模式中，项目投资人需要与多个分包商签订合同，所以在商议变革工程成本时，也要与多方协议才行。

再次，工程成本控制不同。在 EPC 模式下，总承包合同签订后，整个工程的价格就固定了下来。这个时候，如果 EPC 承包商对工程成本控制合理，预算出现了结余，那结余中的收益一般会归 EPC 承包商所有。但同时，如果 EPC 承包商对工程成本控制出现了问题，实际成本超支，那超支的部分也需要由承包商来承担。如果合同条款对此项内容有特殊规定，则应该按照合同条款来执行。

而在 EPCM 模式下，项目投资人控制着整个工程项目的预算。预算成本出现结余归投资人所有，成本出现超支也需要投资人来承担。

最后，法律管理成本不同。在 EPC 模式下，项目投资人所承担的法律管理成本要远低于 EPC 承包商的法律管理成本。这是因为在整个工程项目中，项目投资人只需要与 EPC 承包商签订 EPC 总承包合同。而 EPC 承包商除了要签订 EPC 总承包合同外，同时还要与各分包商签订多个分包合同。也就是说，在出现法律纠纷后，项目投资人只需要处理与 EPC 承包商的纠纷，而 EPC 承包商则还需要解决与相应分包商的纠纷。

在 EPCM 模式下，项目投资人的法律管理成本则要更高一些。因为项目投资人需要分别与多个承包商签订合同，所以当工程出现法律纠纷后，项目投资人需要同时解决与多个分包商之间的纠纷。这在很大程度上增加了项目投资人的法律管理成本，而整个过程中，EPCM 承包商则主要负责协助项目投资人来解决问题。

这两种工程项目总承包模式区别明显，也各有优缺点。在具体应用过程中，项目投资人需要根据自身需要，以及项目的实际情况来进行选择。一般在选择具体的工程项目模式时，项目投资人会根据实际情况，在一般模式的基础上进行调整，这也是工程项目模式应用的一个常见现象。

8.3 工程项目信息化管理

经过几十年的发展，我国的建筑工程企业已经将从发达国家引入的工程项目管理概念、理论、方法和技巧熟练掌握，并在实际的工程项目建设中，取得了不少的成绩，并探索出了许多新的项目管理模式。但在工程项目管理的信息化技术上，我国建筑工程企业的工程项目管理信息化水平还有待提高。

21世纪科学技术迅猛发展，在工程项目建设领域，信息化技术深刻影响着工程项目管理的整体水平。可以说，一个现代化的工程项目，无论采用哪种管理模式，信息化管理都是不可或缺的。能够实现工程项目管理的信息化，已经成为当前建筑工程企业综合竞争力的一个衡量指标。

近年来，我国建筑企业在工程项目管理中，对信息技术的应用已经取得了很大进展。一些企业已经成功建立起信息网络，同时将其应用到整体的工程项目管理之中。还有一些企业将各类信息软件应用到工程项目管理的各个环节，在一定程度上提高了工程项目管理的准确性和效率。

成绩是有目共睹的，问题也是显而易见的。从总体上来看，我国工程项目管理中的信息化技术应用，虽然取得了一定的成效，但依然存在一些问题。下面我们就来综合分析一下工程项目中的信息化管理问题。

8.3.1 工程项目管理信息化的内容概述

工程项目管理中的信息化，就是利用信息网络作为项目信息交流的载体，从而加快信息交流速度，减轻工程项目负责人的工作负担，加快管理系统中的信息反馈速度，让管理者能够随时查看到工程进展等情况，从而及时发现问题、调整方向、作出决策。

毫无疑问，信息化管理可以促进工程项目管理水平的提高，将信息化技术融入工程项目管理的各个环节，从而提高各个环节的管理和工作效率。在理论上，信息化管理是一个整体的内容理论系统，而在具体应用时，信息化管理需要渗透到工程项目管理的各个环节之中。

从内容层面上来看，工程项目管理信息化的内容主要涉及三个方面：

1. 文档与数据管理的信息化

工程项目管理的信息化需要以工程项目的整个生命周期作为对象，建立起存储所有工程信息的数据库。同时，还要建立起与工程项目各个环节紧密相关的知识库、智囊库，方便施工人员共享和使用。图8-8为建筑工程管理信息系统实例。

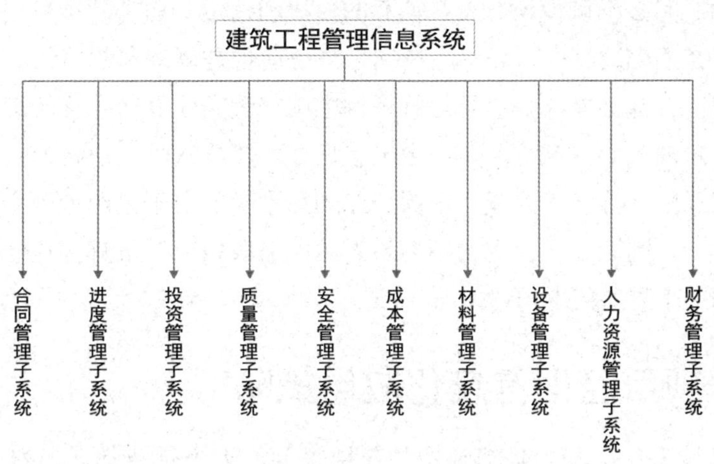

图 8-8 建筑工程管理信息系统

2. 信息沟通信息化

将工程项目各方的沟通置于一个完善的互联网管理信息系统之中，建立起交流协作平台，使项目各方能够通过网络进行远程交流，及时高效地解决问题。对于项目投资人和总承包商来说，建立起全面的材料和设备数据库，通过建筑行业电商网站来控制采购成本和管理成本，有利于保障最终利益的获得。

3. 过程控制信息化

工程项目管理的各个环节要实行全面信息化覆盖。在施工环节，要建立实时监控系统，便于专家和管理者远程指挥，及时解决技术问题。同时，还要建立起科学的信息预测系统，根据以往经验以及工程建设现状，来对下一步的工程建设进行推演、预算，及时调整可能出现问题的环节，避免造成严重的损失。

上述提及的工程项目管理信息化内容基本涵盖了工程项目各个环节的信息化管理，从这些内容可以看出，工程项目管理的信息化具有一些显著的特点。

首先，涉及范围非常广。工程项目管理本身就会涉及很多部门，不同部门应用的技术和负责的工作也都各不相同。这就使得工程项目的信息化管理必须要覆盖到所有部门，不但要包括施工过程中的生产管理，在施工过程之前，规划、设计、采购等各个环节都需要进行信息化管理。

其次，管理工作复杂多样。一个工程项目从启动到收尾，需要消耗大量的物资，还需要不同技术人士的参与。工程项目信息化对这些内容都要管理到位，不能出现遗漏。同时，不同环节部门的不同信息系统，还需要统一在一个完整的信息系统之中，不同系统间还需要做好协同工作。所以说，一个工程项目中的信息化管理工作是复杂多样的。

最后，信息系统间流量庞大。由于工程项目各方面的管理活动并不是相互孤立的，所以在各管理活动之间必不可少地会存在信息的交流和传递。而工程项目中信息化管理工作的繁杂又决定了在整个过程中，信息系统间信息流动也是复杂和频繁的。

每一个工程项目都不能缺少信息化管理，中国工程企业在信息化管理方面与世界水平相比还存在着一定的差距，这主要是由中国信息技术发展水平所决定的。虽然在大数据、人工智能、移动互联网等技术领域，中国企业的技术发展水平已经处于世界先列，但具体到工程技术应用上，则还存在一定的距离。为此，采取相应对策解决这一现状，成为中国工程企业面临的一个重要问题。

8.3.2 工程项目管理信息化应用策略

从当前信息技术在工程项目管理中的应用来看，不少企业都已经建立起了自己的信息网络，并将其作为工程项目建设中信息交流和管理的重要工具。同时也有一些企业开发了专用的工程项目建设管理信息系统，而只有少部分企业应用了实时监测技术和自动控制技术。

当前在我国工程建设市场上，最为常见的工程项目信息化管理就是对各类专业软件的应用。绝大多数工程建设企业都在项目管理中使用了各类专业软件，如工程投标报价软件、合同管理软件、材料管理软件等。

一般来说，信息技术在建筑工程项目管理中的应用，主要表现在以下几个方面：

1. 以互联网为基础的数据库技术

应用数据库技术，开发建设工程项目管理信息系统，从而对工程项目全过程中产生的信息进行快速存储和归类。在便于查询应用的同时，还可以通过数据库技术来对多种信息展开分析。

2. 基于互联网的项目信息门户应用

项目信息门户可以为工程项目参与各方提供工程项目全过程管理中的大部分信息，如成本管理、进度管理、质量管理等。

3. 自动控制技术应用

通过信息技术将影响工程项目费用、进度、质量的因素进行量化，将系统行为和形态与物理模型有机结合，从而建立系统的仿真模型，并进行纠偏和校正，这样就能够对工程项目建设的目标进行有效控制。

4. 信息化监测系统的应用

在工程项目施工现场，配备先进的监视系统。这样不仅可以监视施工现场的安全和消防工作，同时还可以及时发现施工现场存在的问题。在提高项目管理效率的同时，降低了施工现场的管理难度。

在总承包模式中，对于工程项目总承包商来说，将工程项目管理置于信息化系统之中是十分必要的。一家建筑工程公司想更想好地开展工程项目，也必须要在工程项目管理信息化方面进行努力。图 8-9 是建筑工程质量指数系统实例。在这里，有几个方面是工程项目管理者所必须要重视的内容。

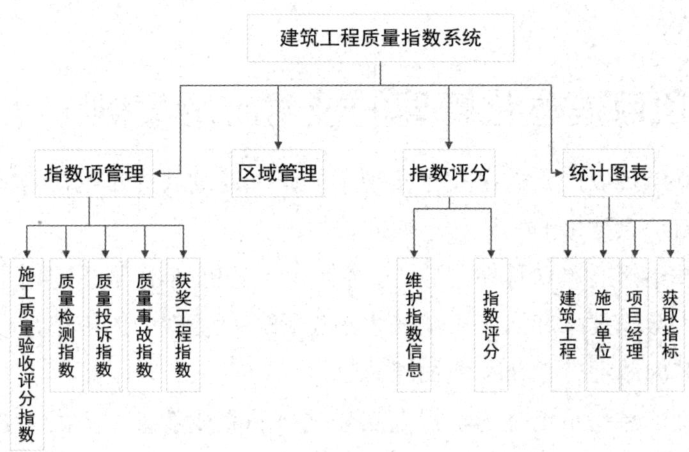

图 8-9　建筑工程质量指数系统

首先，加大对基础设施的投入力度是十分必要的。基础设施建设是实现工程项目管理信息化的基础，在整个工程项目中，管理者应该根据成本预算来决定信息化基础设施建设的费用。在成本有限的情况下，也可以适当引入资金来加大对基础设施的建设。当然，这一点还要根据各承包商在工程项目中的盈利情况来确定。

其次，探索新的项目管理信息技术。工程项目管理者应该加强对项目管理信息技术的应用研究，尤其是关键工程项目环节中的关键信息技术。在进行工程项目管理信息化的过程中，可以综合利用多种信息技术。比如在对工程项目成本进行管理时，可以利用 EDI 系统对采购的工程材料进行管理，这样就可以减少各种单据的使用，同时也减少了不少人工处理的成本。

此外，在工程项目开展过程中，项目管理者还应该在项目实践中积极探索新的项目管理信息技术。在不影响项目工程进展的情况下，广泛应用新的信息技术，从而探索出更为高效的信息技术管理手段，为后续的工程项目开展提供强大助力。

最后，要强化项目管理相关人员的信息化意识。项目管理者应该在项目管理相关人员群体中，积极宣传信息化管理理念，广泛应用信息化技术进行工程项目管理。在项目管理过程中，使用信息系统存储工程文档，通过信息技术来进行质量控制、成本控制和进度控制，从而让项目参与各方了解到信息化管理的重要性。

工程项目管理信息化是一个复杂的系统工程，要想在一个工程项目中全面系统地贯彻实施，需要在多方协调的基础上，将信息技术融合到工程项目管理的各个环节中。无论是项目管理者，还是项目的各参与方，只有充分认识到信息化管理的重要性，才能更好地应用信息化技术去进行工程项目管理。

对于中国的工程建设企业来说，结合当前我国工程项目管理的具体情况，利用先进的技术手段，探索出自己能够掌控、适合自身的信息化管理模式，是实现工程项目管理水平提升的一个重要保障。

8.3.3 工程项目信息化管理的技术应用实例

自 20 世纪 70 年代以来，信息技术实现了一个飞速发展的过程，与此同时，工程项目管理信息化也随着信息技术的发展而不断向前发展。

从 20 世纪 70 年代的单向程序的应用，到 20 世纪 90 年代基于网络平台的建设项目管理，再到现如今大数据技术和人工智能技术在工程项目管理中的应用，项目管理信息化技术在不断发展，其应用程度也在不断加深。

工程项目管理信息化不仅是为了提高工程项目的完成效率，更为主要的是要提高工程项目的经济和社会效益，让工程项目在建设过程中，实现价值的增值。

当前我国建筑行业和基本建设领域的信息化程度还不高，与发达国家相比还存在着较大的差距。这种差距不仅体现在工程项目管理中信息技术应用的观念上，同时也反映在关键技术的应用上。

下面来介绍一下当前在建筑行业中，一些较为前沿的信息化技术。

1. 以 BIM 技术为基础的施工管理信息技术

这种信息技术主要利用 BIM 技术，同时借助移动互联网来实现施工现场的可视化和虚拟化协同管理，见图 8-10。

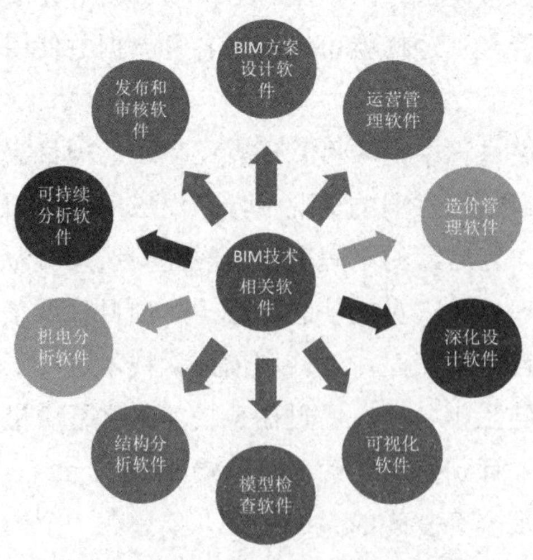

图 8-10　BIM 技术的相关软件

BIM 技术是通过 3D 技术将工程项目中的相关信息进行整合，然后再对各个信息作出完整的描述。借助 BIM 技术，工作人员能够为工程项目中所遇到的问题，寻找到正确的解决方法，加强不同项目环节间的协同合作。

这种信息技术能够在施工阶段结合施工要求对设计阶段的施工图模型进行信息添加和完善，从而得到一个更能够满足施工要求的模型。依托于标准化的项目管理流程，结合移动互联网技术，通过对施工模型的深化设计，以及进度、设备、质量、安全、竣工验收等管理应用，可以实现施工现场信息的高效传递和实时共享，从而提高项目管理水平。

BIM 施工现场管理平台还具备角色管控、分级授权、流程管理和模型展示等功能。通过移动设备，可以随时采集图片或者是视频信息，并自动上传到 BIM 施工现场管理平台上。相关的责任人员同时也会在移动端获得及时整改的通知，实现质量管理和任务分配协同、处理过程及时跟踪等要求。

此外，通过 BIM 技术还可以在施工现场模型中标记出危险区域，从而在施工现场的相关区域及时放置安全防护和警示标志，提醒施工人员安全施工，降低施工风险的发生。

2. 以大数据技术为基础的项目成本分析与控制应用

这种信息技术应用主要是利用大数据技术和项目成本管理信息化，来更加科学有效地提升工程项目的成本控制水平和管理水平。通过大数据建立分析模型，对信息系统中的海量信息数据进行分类、分析，从而挖掘出关键的成本控制指标，从而进行有效的成本控制，见图 8-11。

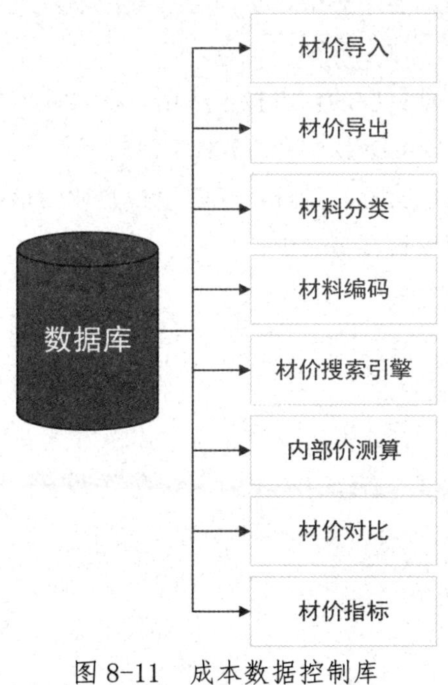

图 8-11　成本数据控制库

在具体内容上来看，项目成本管理信息化技术主要包括收入管理、成本管理、资金管理和报表分析等功能。而大数据分析技术则主要是建立项目成本关键指标关联分析模型，从而实现对一些工程项目中的成本业务数据进行分类汇总和对比分析。在找出工程项目成本管理薄弱环节的同时，挖掘出工程项目成本管理中的关键指标，并对关键指标进行控制，实现成本的管控和风险的预警。

除了大数据采集技术、大数据挖掘技术和可视化分析技术外，该信息技术应用中还包含分布式系统架构的设计。这种架构设计能够降低并发量，从而提高系统的可用性和稳定性，能够保障数据和信息的便捷处理。

3. 以物联网技术为基础的工程总承包项目物资全过程监管技术

这种项目物资全过程监管技术，主要是利用信息化手段，建立起从工厂到施工现场的一体化物资、物流、仓管体系。通过手持终端设备和物联网技术，就可以实现对装卸、运输、仓储等整个物流供应链信息的管控，解决传统模式中缺少物流跟踪和动态分析所引发的问题，提高工程总承包全过程项目物资的监管水平。

该项目物资全过程监管技术主要包括编码管理、终端扫描、报关审核、节点控制和现场信息监控等多项功能。

要实现报关审核功能，需要建立报关审核的信息平台，规避工程总承包项目物资运输的诸多风险，保证各项出口物资能够顺利通关。

而要想实现现场信息监控，则需要建立现场物资仓储平台，通过物联网来实时观测数据更新，动态监管物资运输的各个环节，从而合理安排项目进度，实现项目物资全过程高效管理。

上面所提到的这些工程项目中的信息技术应用，在具体应用时往往是相互配合、共同存在的。一个完整的工程项目可能会应用到多种信息技术，在多种信息技术的协调配合下，才能够高效率达成工程项目的指标。为此，建筑工程企业应该广泛吸收多种不同的信息技术，应用到多种不同的工程项目环节之中。